形意拳

全民健身项目指导用书

李江◎主编

吉林出版集团股份有限公司　全国百佳图书出版单位

图书在版编目（CIP）数据

形意拳 / 李江主编. -- 2版. -- 长春：吉林出版集团股份有限公司, 2010.2(2024.8重印)
全民健身项目指导用书
ISBN 978-7-5463-2380-0

Ⅰ.①形… Ⅱ.①李… Ⅲ.①形意拳－基本知识 Ⅳ.①G852.14

中国版本图书馆CIP数据核字(2010)第028377号

全民健身项目指导用书
形意拳
XINGYIQUAN

主　　编	李江
责任编辑	李柏萱
封面设计	吕宜昌
开　　本	650mm×960mm　1/16
印　　张	8
字　　数	60千
版　　次	2010年2月第2版
印　　次	2024年8月第4次印刷
出版发行	吉林出版集团股份有限公司
地　　址	吉林省长春市福祉大路5788号
邮　　编	130000
电　　话	0431-81629968
电子邮箱	11915286@qq.com
印　　刷	三河市金兆印刷装订有限公司
书　　号	ISBN 978-7-5463-2380-0　定　价　39.80元

版权所有　翻印必究
如有印装质量问题，请寄本社退换

自1995年我国政府推出《全民健身计划纲要》以来，我国群众性体育活动蓬勃发展，取得了显著的成绩。2008年，举世瞩目的北京奥运会的成功举办，极大地激发了亿万人民群众的体育热情，增强了全社会的体育意识，营造了浓厚的全民健身氛围。面对这样的可喜局面，群众体育科研、教学工作者应义不容辞地为社会实践服务，从不同角度思考，如何使普通百姓通过简而易行的身体锻炼方式、方法和手段达到良好的健身效果，达到拥有健康的目标，从而享受生活、享受快乐人生。该书系就是在这样的思想指导下诞生的。

本书系能够顺应国家体育的大政方针，掌握时代脉搏，对指导大众健身，使大众掌握健身方法和手段有很好的促进作用。

本书系图文并茂，实用性强，分为球类运动、体操健身运动、传统武术、冰雪运动、水上运动、体育舞蹈、休闲运动、格斗运动、民间体育活动和极限运动等十大类项目，计100分册，按照统一的体例，力争有所创新。每册的具体内容为该项目的起源与发展、运动保健、基本技术、运动技巧、比赛规则等,使读者在学习过程中,不仅能够学会运动健身的方法,同时还能够学到保健方面的基本知识。

经国务院批准,自 2009 年起,将每年的 8 月 8 日定为"全民健身日"。《全民健身项目指导用书》的出版,必将为开展全民健身活动起到积极的推动和指导作用。

目录 CONTENTS

第四章 形意拳（高级）竞赛规定套路
第一节　第一段/038
第二节　第二段/051
第三节　第三段/066
第四节　第四段/075
第五节　第五段/090
第六节　第六段/097

第五章 基本规则
第一节　比赛方法/118
第二节　裁判方法/119

目录 CONTENTS

第一章 概述
第一节 起源与发展/002
第二节 场地和装备/004

第三章 基本技术
第一节 基本步形/028
第二节 基本功法/029

第二章 运动保健
第一节 自我身体评价/008
第二节 运动价值/012
第三节 运动保护/017

第一章 概述

　　形意拳是我国古老而著名的传统拳术,具有较高的自卫防身、强身健体功效和艺术欣赏价值。形意拳与八卦掌、太极拳、少林拳并称为"中国四大名拳",在我国流传广泛,是我国优秀的武术文化遗产之一。

第一节 起源与发展

形意拳历史悠久，发源于明末清初，是中华武术中著名的拳种之一。经过历代传人不断的钻研、实践、总结、提高，逐渐形成了较为完整的体系。

形意拳是由明末清初山西蒲州尊村人姬际可所创。传说姬际可出外游历时，一日行至陕西终南山遇雨，于是到古寺中暂避。寺内渗漏不堪，只有神龛之上尚能容身，于是上前小坐待晴。姬际可偶然发现神像中空之处有一卷旧书，取而视之，题名为《武穆拳经》，大喜，携而归家研习良久，创立了"心意六合拳法"。此拳法以心意为主，注重心意的融贯，强调内外的结合，手眼身法必求浑然天成。

最早的形意拳只有劈、崩、钻三拳，经过三百多年的融合、增进才形成了今天较为完整的形式，其中，河北沧州的八极拳对形意拳的发展有较大的启示和影响。

清代咸丰、同治年间，北京武林高手云集。杨露禅在端王府教授太极拳，董海川在肃王府教授八卦掌，郭云深在前门教授形意拳。三人以武会友，经过仔细推敲，认为太极、形意、八卦三家拳法虽形式不同，但原理是一致的，都是先练内功、再练筋骨，故应统属内家拳法。

随着形意拳的不断发展，逐渐演化成不同的流派，并逐步走上规范化道路，成为全民健身运动的有机组成部分。

自姬氏创拳以来，由于武术心得有别，在北方派生出三大支脉。

心意六合拳是在河北和山西两地的支脉，由于风格较相似，皆以十二形为主，五形为基，并且因形取意，更名为"形意拳"，这两个支脉均承学于河北的李飞羽。

心意六合拳传至河南的系统，以十大形为主要内容，系马学礼所传，后世亦称之为"河南形意"。河南形意传承保守，古风极浓，拳架较为沉雄刚猛。

河南系统的形意拳传承不广，未能普及，而河北与山西支脉的形意拳因李飞羽之故，在河北尤为盛行。李飞羽是当时形意一派的宗师，由于他打破了教人唯亲的保守观念，广为传艺，因而其后能人辈出，名声大噪。自晚清到民初，或剿匪灭盗，或锄强扶弱，威名大震，成为北方重要的安定力量。

在形意拳长期发展过程中，涌现出数以百计的大师和高手。

1888年，形意拳"三绝"（郭云深、买庄图、车永宏）之一的车永宏在天津打败了不可一世的日本人坂三太郎。

1914年，形意拳名家郝恩光东渡日本教授形意拳，首次把形意拳介绍到国外。

1918年，著名形意拳高手韩慕侠在北京打败了号称"周游世界未遇敌手"的俄国大力士康泰尔。

1925年秋，形意拳大师佟忠义在上海打败了日本柔道教练山井一郎等。

此后，形意拳在日本、东南亚、美国等地传播开来，为促进我国同世界各国人民的文化交往发挥了积极的作用。

形意拳内容丰富，形式多样，风格独特，运动简便，老少皆宜，具有广泛的群众基础。长期练习可以提高身体的协调性、灵敏性和柔韧性，有助于身体各部位的均衡发展，改善神经系统机能，对心血管系统有良好的改善作用。因此，随着全民健身运动的蓬勃发展，形意拳已成为全民健身计划的重要组成部分。

第二节 场地和装备

形意拳运动对场地和装备的要求并不高,但是高质量的场地是运动顺利开展的前提,而良好的装备则是练习者发挥较高技术水平的必要保证。

初学者最好在体育馆或武馆内的正规场地上练习,练习时一定要遵循循序渐进的原则,以减少运动损伤。

 见图 1-2-1

(1) 正规比赛单练和对练项目的场地长 14 米,宽 8 米;
(2) 集体项目的场地长 16 米,宽 14 米;
(3) 场地四周内沿应标明 5 厘米宽的边线,周围至少有 2 米宽的安全区(集体项目场地周围至少有 1 米宽的安全区)。

图 1-2-1

比赛场地应铺设地毯,以防止运动损伤。

要求

（1）比赛场地上空，从地面量起至少应有 8 米的无障碍空间；

（2）如设两个以上比赛场地，两场地之间应有 6 米以上的距离。

装备

练习形意拳时最好穿专业的武术服和武术鞋，这样既有利于动作的练习和美感，又可避免不必要的运动损伤。

服装 见图 1-2-2

（1）女子为中式对襟小褂（长袖或短袖自定），中式直裆；

（2）男子为中式对襟小褂（长袖或短袖自定），中式直裆；

（3）散袖或灯笼袖，袖口处加两对中式直裆；

（4）扎软腰巾，中式裤，西式腰，立裆要适宜。

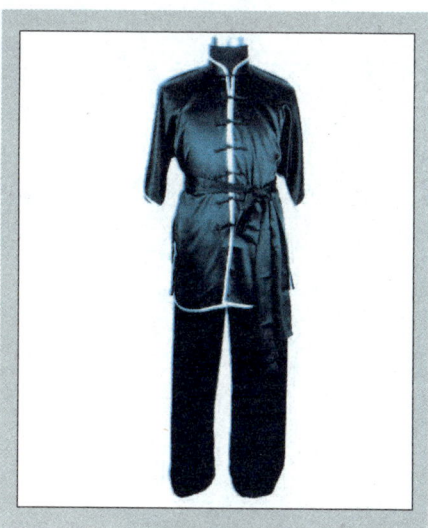

图 1-2-2

鞋 见图 1-2-3

比赛和表演中常见的是以羊皮或帆布制面、软胶制底的武术表演专用鞋。

图 1-2-3

场地和装备

005

第二章 运动保健

体育运动对增强体质、预防疾病和促进健康具有良好的作用。但是,并非所有人从事相同的运动都会达到同样的效果。对于同一种运动负荷,不同人机体的反应差异是很大的,即使同一个体,在不同时期、不同机能状态下,对同一负荷的反应及效果也是不一样的。因此,对于不同个体,应制定适合其机能需要的运动强度、时间、频率和持续周期。从事体育锻炼一定要讲究科学性,使机体最大限度地获得运动价值,使某些疾病得到有效的防治。

第一节 自我身体评价

自我身体评价是指根据个体的不同情况以及简单的功能评定标准，对锻炼者进行身体评价，并以此为依据，确定具体的锻炼内容。

适宜人群

体适能是全身适应性的一部分，是人体精神和体力对现代生活的适应能力。为了促进健康，预防疾病，提高生活质量和工作学习效率，几乎所有人都可以追求健康体适能，而且经过简单的评价和测试，均可以成为目标人群，即适宜人群。

健康体适能评价标准

健康体适能是指身体有足够的活力和精力处理日常事务，而不会感到过度疲劳，并且还有足够的精力去享受休闲活动和应对突发事件。

健康体适能是确定锻炼者是否为运动适宜人群的主要依据。目前的评价标准主要包括国民体质测定标准、学生体质测定标准和普通人群体育锻炼标准等。

国民体质测定标准主要包括形态指标、机能指标和素质指标3个部分，各项指标的测定结果均为1～5分，共5个级别。凡各项指标达不到4分或5分者，均应被纳入健身人群。

学生体质测定标准分为优秀、良好、及格和不及格4个级别。优秀水平以下者，均应被纳入健身人群。

普通人群体育锻炼标准分为5个级别，凡达不到4分或5分者，均应被纳入健身人群。

简易运动功能评定

简易运动功能评定的目的在于确定锻炼者有无运动禁忌症或临时运动禁忌的情况,即是否适合参加体育锻炼,以达到防备万一、避免意外事故发生的目的。目前通行的方式为3分钟踏台阶测试。

目的

测试锻炼者运动后心率恢复的情况,以评估其心肺功能。

器材

见图2-1-1

30厘米高的长凳、节拍器、秒表和时钟。

步骤

见表2-1-1

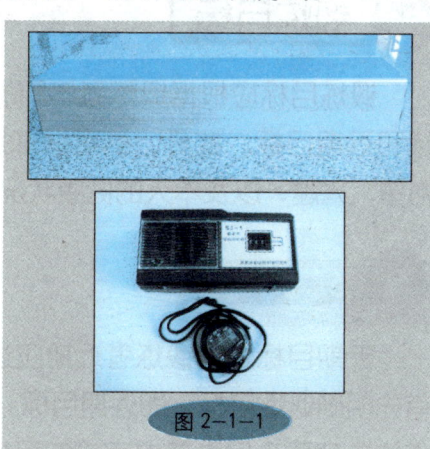

图2-1-1

(1)节拍器设定为每分钟96次,锻炼者依"上上下下"的节拍运动3分钟。

(2)锻炼者完成3分钟踏台阶后,5秒钟内开始测量其脉搏,时间为1分钟,记录其心率,并依据下表评价其功能水平。

(3)运动后心率越低,证明其心肺功能越好。在运动强度允许的范围内,锻炼者可选择运动强度的较高值来进行运动。

表2-1-1　3分钟踏台阶测试评价表

	年龄(岁)	欠佳(次)	尚可(次)	一般(次)	良好(次)	优异(次)
男士	18~25	>115	105~114	98~104	89~97	<88
	26~35	>117	107~116	98~106	89~97	<88
	36~45	>119	112~118	103~111	95~102	<94
	46~55	>122	116~121	104~115	97~103	<96
	56~65	>119	112~118	102~111	98~101	<97
	65+	>120	114~119	103~113	96~102	<95
女士	18~25	>125	117~124	107~116	98~106	<97
	26~35	>128	119~127	111~118	98~110	<97
	36~45	>128	118~127	110~117	102~109	<101
	46~55	>127	121~126	114~120	103~113	<102
	56~65	>128	118~127	112~117	104~111	<103
	65+	>128	122~127	115~121	101~114	<100

注意事项

如锻炼者经过努力仍无法达标，或出现头晕、胸闷、出冷汗等症状，应立即终止测试。运动中应特别考虑运动强度，以防止出现意外。

锻炼目标

锻炼目标应根据锻炼者不同的身体状况来确定，可分为近期目标和远期目标。此外，确定锻炼目标还应结合锻炼者的运动意向、愿望、兴趣，以及本人的健康状况、疾病程度等因素来进行。

近期目标

近期目标是指锻炼者近期应达到的目标。在进行运动之前，应首先明确锻炼目标，即近期目标。选择一两个健康体适能构成要素，作为未来两个月内努力完成的目标，而且应从成功概率较高的构成要素开始，并将预期两个月后要达到的目标做上记号，如提高某个或某些关节的活动幅度，增强某个肌肉群的力量等。

远期目标

远期目标是指锻炼者最终要达到的目标。实践证明，经过科学合理的锻炼后，锻炼者是可以达到一般的远期目标的，如提高心肺功能，使其达到优秀的等级，或达到降血脂、防治高血压和冠心病的目的等。

运动负荷

运动负荷即运动量。怎样控制运动量，合适的运动时间是多少等，一直是人们争论不休的问题。但有一点是可以肯定的，那就是任何有关身体活动的意见和建议，都需要综合考虑锻炼者的身体状况和所要达到的目标，并以此为依据来制订科学的身体锻炼计划。

运动强度

在运动过程中,运动强度过小,则无法达到锻炼的效果;运动强度过大,不仅达不到最佳的锻炼效果,还可能产生一些副作用,甚至出现意外事故。确定运动强度有两种方法,即心率简易推测法和主观感觉疲劳分级表推测法。

心率简易推测法

(1)年龄在20岁左右的年轻人,身体健康,能坚持体育锻炼,欲进一步提高身体机能,可取最大心率值(最大心率值=220-年龄)的65%~85%。

(2)年龄在45岁以下,身体基本健康,有运动习惯者,开始进行健身锻炼,可取最大心率值的65%~80%,没有运动习惯者,开始进行健身锻炼,可取最大心率值的60%~75%。

(3)年龄在45岁以上,身体基本健康,有运动习惯者,开始进行健身锻炼,可取最大心率值的60%~75%,没有运动习惯者,建议根据自身情况咨询专业人员来指导和确定运动强度。

主观感觉疲劳分级表推测法   见表2-1-2

运动的疲劳程度大致分为10级,具体为:0~1级,没感觉;2~3级,尚轻松;4~5级,稍累;6~7级,累;8~9级,很累;10级,精疲力竭。因此,健身锻炼的运动强度应控制在主观感觉疲劳程度的4~7级。

表2-1-2　主观感觉疲劳分级表

0 没感觉	2 尚轻松	4 稍累	6 累	8 很累	10 精疲力竭

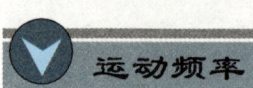

运动频率是指每日及每周锻炼的次数。一般每周锻炼 3～4 次,即隔日锻炼 1 次即可。有充足的休息时间,可使机体得到充分的休息,收到更好的锻炼效果。

 运动持续时间

运动强度和运动持续时间,决定了一次锻炼的运动量和热量消耗。运动持续时间与运动强度成反比,运动强度大,运动持续时间可相应缩短,运动强度小,则运动持续时间应相应延长。

一般的健身锻炼,运动持续时间以每天 20～60 分钟为宜,其中包括准备活动时间、健身锻炼时间和整理活动时间。每次健身锻炼应在 20 分钟以上,锻炼可一次性完成,也可分段进行,但每段的活动时间应在 10 分钟以上。

第二节 运动价值

运动价值是人们一直在探讨的问题。一般认为,运动具有两方面的价值,即健身价值和心理价值。身体和精神的健康是相互依存的,伴随着身体功能的改善,精神状况也能同时得到改善。

健身价值在于提高体适能。体适能包括心肺耐力素质、肌肉力量素质、柔韧性素质和身体成分等。体适能的发展是积极从事锻炼的结果,只有规律性的体育锻炼才能达到最佳的体适能。

提高心肺耐力素质

心肺耐力是指全身肌肉进行长时间运动的持久能力，是体内心肺系统对身体各细胞的供氧能力。人体的心脏、肺、血管、血液等组织的功能是心肺耐力的基础，它们与氧气和营养物质的输送以及代谢物的清除有关。健全的心肺功能是健康的基本保证。

系统的体育锻炼，可以使心肌增厚，收缩力加强，心室容积增大，从而使心脏的泵血功能增强，表现为心血输出量增加。

系统的体育锻炼，呼吸系统机能也将得到提高，表现为呼吸肌的力量增强，肺活量、肺通气量明显增加，保证对机体供氧的能力。

系统的体育锻炼，可以促进血管系统的形态、机能和调节能力产生良好的适应力，从而提高机体的工作能力。

系统的体育锻炼，可以使血液系统产生某些适应性变化，如血容量增加、血黏度下降、红细胞膜弹性增强和红细胞变形能力增强等。

 ## 提高肌肉力量素质

肌肉力量是指肌肉最大收缩产生的对抗阻力或负荷的能力。肌肉力量只有达到一定的程度，才能克服外界阻力，而克服外界阻力是维持日常生活自理、从事各种劳动和运动的必要前提。

系统的体育锻炼，可以提高肌肉的生理横断面积，可以改善神经系统对肌肉收缩的支配功能，还可以提高肌肉内代谢物质的储备量，使肌肉力量得到提高。

 ## 提高柔韧性素质

柔韧性是指人体各关节的活动幅度，即关节的肌肉、肌腱和韧带等软组织的伸展能力。柔韧性对于保证正常生活质量、维持正常体态、预防损伤发生和减轻损伤程度等方面均起到至关重要的作用。

系统的体育锻炼，还可以延缓因年龄因素而导致的柔韧性下降，预防因缺乏运动而导致的关节结构、周围软组织和膝关节肌肉退化，从而使锻炼者的日常生活、劳动和运动等更加充满活力。

改善身体成分

身体成分是指人体体重中的脂肪组织和去脂组织的重量百分比。身体成分中的脂肪成分增加，肌肉成分必然下降。身体中不具备收缩功能的脂肪组织增加，必然导致身体进行各种活动的能力下降，基础代谢水平降低，肥胖症、冠心病、高血压、糖尿病、高血脂等慢性疾病发病率的提高。因此，身体成分是保证人体健康的重要内容之一。

通过系统的体育锻炼，随着锻炼者体质的增强，热量消耗便随之增加，进而燃烧掉体内多余的脂肪，使身体成分得到改善。而身体成分的改善，又可以减少体重对关节可能带来的不利影响，还可以使肥胖者的心理状况得到改善，增强其自信心，使其逐步建立起健康的生活方式。

心理价值

研究证明，有规律的体育锻炼不但可以使锻炼者增强体质、促进身体健康、预防一些慢性疾病，还可以提高锻炼者的生活满意度和生活质量，对其心理健康产生积极影响。

体育锻炼的心理健康效应主要表现在六个方面：

改善情绪状态

短期效应

研究发现，体育锻炼对人的情绪状态具有显著的短期效应。运动后人们的焦虑、抑郁、紧张和心理紊乱等症状会明显减轻，而精力和愉快程度则明显增强。而且这种情绪的迅速变化，与锻炼者个体的健康状况、活动形式和活动强度等有着直接的联系。

长期效应

体育锻炼对人情绪的长期效应有着直接的影响，与不锻炼者相比，有规律的锻炼者在较长时期内很少会产生焦虑、抑郁、紧张和心理紊乱等情绪。

完善个性行为特征 见表2-2-1

人们的行为特征一般可以分为两种类型，用A型行为特征和B型行为特征来表示。A型行为特征主要表现为性情急躁、争强好胜、容易激动、整天忙碌和做事效率高等。B型行为特征主要表现为不好竞争、不易紧张、不赶时间、对人随和、喜欢自由自在等。具有A型行为特征的人由于过度紧张的情绪反应，会引起内分泌失调，增加心脏病发病的概率。目前的一些研究主要集中在体育锻炼对改变A型行为特征的作用方面。研究结果表明，有规律的体育锻炼能明显改变A型行为特征。

表2-2-1　A、B型个性行为特征常见表现

A型行为特征者常见表现	B型行为特征者常见表现
约会从来不迟到	对约会很随便
竞争意识很强	竞争意识不强
别人要讲话时总爱抢先或插话	是别人讲话时很好的听众
总是匆匆忙忙	即使有压力也从不匆忙
等待时缺乏耐心	能够耐心等待
干事时全力以赴	处事漫不经心
同时想干很多事	在一段时间里只干一件事情
讲话喜欢用加强语气，甚至敲桌子	讲话语速缓慢、不慌不忙
做了好事希望能得到别人的认可	只要自己满意即可，不管别人怎样想
吃饭、走路都很快	做事情很慢
不善与人相处	为人随和
容易暴露自己的感情	能控制自己的感情
具有广泛的兴趣	没什么业余爱好
雄心壮志	满足于目前的工作和学习状况

确立良好自我概念

自我概念是指个体对自己身体、思想和情感的主观整体评价，它由许多自我认识组成，包括我是什么人、我主张什么和我喜欢什么等。

坚持体育锻炼，可以使锻炼者体格强健、精力充沛、提高驾驭身体的能力，从而改善对自身的满意程度，确立良好的自我概念。

改变睡眠模式

根据脑电图的显示，人的睡眠可以分为两种状态，即慢波睡眠状态和快波睡眠状态。前者为浅度睡眠状态，后者为深度睡眠状态。一夜之间两种睡眠状态会交替发生 4~5 次。

有规律的体育锻炼不仅对慢波睡眠有促进作用，而且能缩短入眠的潜伏期，并延长睡眠的时间。

改善认知能力

体育锻炼还能改善人的认知过程，避免反应时间过长、注意力不集中和思维混乱等症状的发生，尤其对老年人的认知能力改善效果更为明显。

增加心理治疗效应

体育锻炼被公认为是一种心理治疗的好方法。目前人群中常见的心理疾患是抑郁症和焦虑症。研究发现，体育锻炼是治疗抑郁症的有效手段之一，抑郁症患者经过有规律的体育锻炼，抑郁症状能明显减轻。

体育锻炼还具有治疗焦虑症的作用，通过有规律的体育锻炼，可以使锻炼者的焦虑症状明显改善。

第三节 运动保护

在运动过程中，人体机能会随时发生变化。因此，应针对这种机能变化的特点来进行体育锻炼，也就是我们所说的运动保护。运动保护一般包括运动前准备、运动后放松和自我养护三个方面。

运动前准备

准备活动是指在正式运动之前进行的有目的的身体练习。做好充分的准备活动，可以缩短机体进入最佳状态的时间，同时还可以预防运动损伤的发生，为机体发挥最大的工作效率做好功能上的准备。

准备活动的作用

提高中枢神经系统兴奋状态

(1)使大脑反应速度加快，参加活动的运动中枢神经相互协调。
(2)为正式运动时生理机能达到适宜程度提前做好准备。

提高机体代谢水平

(1)准备活动可以使锻炼者体温升高，降低肌肉黏滞性，使肌肉的伸展性、柔韧性和弹性增强，从而有效预防运动损伤的发生。
(2)准备活动可以增强体内代谢酶的活性，使物质代谢水平提高，以保证运动时有较充分的能量供应。

克服内脏器官生理惰性

(1)准备活动可以提高心血管系统和呼吸系统的机能水平，使肺通气量及心血输出量增加。
(2)可以使心肌和骨骼肌的毛细血管扩张，使其工作肌获得更多的氧，从而克服内脏器官的生理惰性，使之尽快达到最佳状态。

增加皮肤毛细血管血流量

准备活动可以使皮肤毛细血管的血流量增加,运动后毛细血管扩张,有利于散热,降低体温,有效防止开始正式活动时由于体温过高而影响运动能力。

准备活动要求

准备活动时间

(1)准备活动的时间可以根据运动项目的具体情况确定,一般以10～30分钟为宜。

(2)准备活动与正式运动的间隔时间,一般以不超过15分钟为宜,可以在做完准备活动后立刻进行正式运动。

准备活动强度

(1)准备活动的强度和量应较正式运动小,以免引起不必要的疲劳。

(2)准备活动的量可以由心率来决定,心率以100～120次／分为宜。

准备活动内容

一般性准备活动

一般性准备活动的内容多以伸展运动开始,然后进行一般性的跑步、徒手体操等活动。

下面介绍一套常用的一般性准备活动操,供锻炼者运动前使用。这套活动操主要包括头部运动、肩部运动、扩胸运动、体侧运动、体转运动、髋部运动和踢腿运动等。

图2-3-1

头部运动

头部运动的动作方法（见图 2-3-1）：两手叉腰，两脚左右开立，做头部向前、向后、向左、向右，以及绕环运动。

肩部运动

肩部运动的动作方法（见图 2-3-2）：手扶肩部，屈臂向前、向后绕环，以及直臂绕环。

图 2-3-2

扩胸运动

扩胸运动的动作方法（见图 2-3-3）：屈臂向后振动及直臂向后振动。

体侧运动

体侧运动的动作方法（见图 2-3-4）：两脚左右开立，一手叉腰，另一臂上举，并随上体向对侧振动。

体转运动

体转运动的动作方法（见图 2-3-5）：两脚左右开立，两臂体前屈，身体向左、向右有节奏地扭转。

髋部运动

髋部运动的动作方法（见图 2-3-6）：两脚左右开立，两手叉腰，髋关节放松，向左、向右 360 度旋转。

图 2-3-3

踢腿运动

踢腿运动的动作方法(见图 2-3-7):两臂上举后振,同时一腿向后半步,重心置于前腿,两臂下摆后振,同时向前上方踢腿。

图 2-3-4

图 2-3-5

图 2-3-6

图 2-3-7

专门性准备活动

专门性准备活动的动作方法、节奏和强度等与正式锻炼相似，目的是使人体主要肌群在运动前得到动员，为正式锻炼做好准备。

运动后放松

运动后放松是指运动之后所进行的一些能够加速机体功能恢复的、较轻松的身体活动。与运动前准备活动相反，其目的是使锻炼者的生理机能水平逐步得到恢复。

放松方法

运动性手段

（1）运动结束后，锻炼者可采用变换运动部位的方法来消除疲劳，如上肢出现疲劳时可做一些慢跑运动，下肢出现疲劳时可做一些上肢运动。

（2）转换运动类型也是一种不错的放松方法，如打羽毛球出现疲劳时，可从事瑜伽运动来达到放松的目的。

（3）还可以用调整运动强度的方法来缓解疲劳，如可以在放松过程中，采用小强度的轻微运动方法等。

整理活动　见图 2-3-8

（1）整理活动是指运动后所做的一些能够加速机体功能恢复的身体活动，如剧烈运动后进行 3~5 分钟慢跑或其他整理活动，使身体机能得以恢复。

（2）剧烈运动后如不做整理活动而骤然停止动作，会影响氧气的补充和静脉血的回流，使机体血压降低，引起不良反应。

图 2-3-8

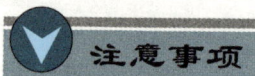

（1）在进行整理活动时动作应缓慢、放松，运动量不要过大，否则会引起新的疲劳。

（2）在进行整理活动时，应当保持心情舒畅、精神愉快。

锻炼后，锻炼者感觉身体疲劳是一种正常的生理现象，是体育锻炼过程中的正常反应，随着体育锻炼时间的延长，疲劳症状会自然消失。运动性疲劳出现后，锻炼者如果采用一些自我养护措施，可以加速身体机能的恢复，尽快消除疲劳，提高锻炼效果。常见的自我养护方法主要包括运动后休息、合理营养和物理手段等三种。

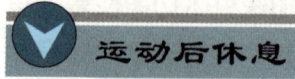

静止性休息　见图 2-3-9

（1）静止性休息是指锻炼者运动后保持机体相对的静止状态，以促进身体机能的恢复，尽快消除疲劳。

（2）静止性休息的最佳方式之一是睡眠，特别是刚开始从事锻炼者，身体不适应或疲劳症状明显时，更应该保证足够的睡眠，否则，锻炼者虽然积极参加了体育锻炼，但收效甚微，甚至会导致过度疲劳症状的发生。

（3）静止性休息更适合于消除全身运动导致的整体疲劳症状。

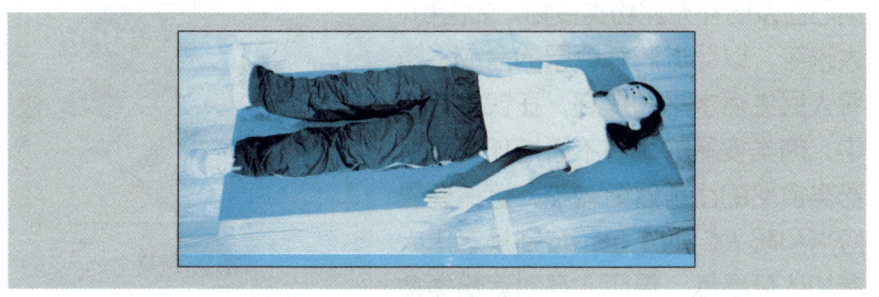

图 2-3-9

 积极性休息 见图 2-3-10

（1）积极性休息更适合由于少量肌肉群参与工作而导致的局部疲劳，或运动强度较大而导致的快速疲劳。

（2）积极性休息可以加速血液循环，有利于代谢物排出体外，对促进身体机能的恢复具有明显的效果。

图 2-3-10

 见图 2-3-11

小强度、长时间的运动形式,主要是靠糖原的有氧代谢提供能量。运动后应及时补充淀粉类食物,如面粉、大米等,以促进消耗糖原的合成。随着人民生活水平的提高,在饮食结构中,肉类食品的比重不断增加,而淀粉类食品的比重逐渐减少,这一现象应当引起人们的注意,特别是老年人参加体育锻炼,更应注意对淀粉类食物的补充。

图 2-3-11

强度较大、时间又相对较长的运动形式,主要是靠糖原的无氧代谢提供能量。这样,糖原无氧代谢产物——乳酸便会在体内大量堆积。因此,运动后应多补充蔬菜、水果等碱性食品,以加速乳酸的清除,达到尽快消除疲劳的目的。

物理手段

 见图 2-3-12

(1)通过刺激神经末梢、皮肤结缔组织和毛细血管的按摩方法,可以使紧张的肌肉得以放松,从而改善局部组织和全身的血液循环,达到促进身体机能恢复的目的,这种方法可以在锻炼后马上进行。

(2)此外,还可以采取缓慢牵拉肌肉的方法,使收缩的肌肉得到充分的伸展放松。

水疗及电疗

(1)水疗包括芬兰式蒸汽浴、热水浴和桑拿浴等多种形式,主要作用是通过提高体温,促进血液循环,清除代谢物,以达到尽快消除疲劳、恢复体力的目的。

(2)水疗的时间一般以不超过 30 分钟为宜,如果时间过长,会进一步消耗体力,严重时甚至会出现暂时性脑缺血现象。

（3）如果条件允许，还可对疲劳的肌肉进行低频治疗。低频治疗仪的原理是模拟针灸疗法，使用时将电极用不干胶对称地粘贴在运动部位表皮上。这种疗法可以促进局部血液循环，改善组织代谢，缓解肌肉酸痛，消除疲劳。

图 2-3-12

第三章 基本技术

通过形意拳基本技术的练习,可使身体各部位得到较全面的训练,并能较快地发展该运动的专项身体素质,为学习形意拳套路,提高技术水平打下良好的基础。形意拳基本技术包括基本步形和基本功法等。

第一节 基本步形

步形是演练中下肢的表现形态，套路中每个动作都是由基本的步形所构成的。形意拳的基本步形包括马步和歇步等。

动作方法　见图3-1-1

两脚左右开立，脚间距略比肩宽，屈膝半蹲，大腿接近水平。

技术要点

头正，挺胸，立腰，扣足。

错误纠正

练习时易出现脚尖、膝盖外撇、两脚距离太大或太小、弯腰跪膝等问题。因此，应注意避免以上问题，慢动作进行练习，体会动作要领。

图 3-1-1

动作方法　见图3-1-2

（1）两脚交叉靠拢全蹲，右（左）脚全着地，脚尖外展，左（右）脚前脚掌着地，膝部贴近右（左）脚跟处，两手抱于腰间，拳心向上，目视左前方；

（2）左脚在前为左歇步，右脚在前为右歇步。

技术要点

挺胸,立腰,两腿贴紧。

错误纠正

练习时易出现两腿贴不紧、后腿膝跪地、动作不稳等问题。因此,应注意避免以上问题,体会动作要领。

图 3-1-2

第二节 基本功法

基本功法是指为练习武术所需要的某些专门性能力,如奔走、跃、击打、灵敏、软硬、内外、视听、感知等。基本功法可以弥补练习者自身某处的弱点,在习武时如果某处达不到要求,就要针对自身的弱点选择能改变弱点的功法进行练习,使弱点变成优势。形意拳基本功法包括三体式桩功、浑元桩和开合轮睛等。

三体式桩功是形意拳的根本。从起势到拳路的运动,从运动到收势,都要求按照三体式训练时的要领法则去做,所以有"万法不离三体"之说。

三体式左桩动作

动作方法　见图3-2-1

（1）身体直立，两臂自然下垂，两足跟并拢，左脚直前，右脚与左脚呈45度；

（2）两手从腿两侧向上徐徐平起，掌心向下，升与肩平，沉肩、坠肘、塌腕，接着两手心慢慢翻向上，两臂向前环抱，至两手相叠，右手在内，左手在外，手心向内，然后两手从口前沿胸部向下摩经（手心向下），随身体略下蹲落至脐下丹田处，两手变拳，拳心向上；

（3）左拳随身左拧转，由下从胸前经口前向身前钻出，高与鼻齐，拳心向上，小指拧转向上，右拳在腰间处，目视前拳；

（4）左脚向前迈出一步，两脚跟前后呈一条直线，相距合体，两腿屈膝，重心偏于右腿，同时左拳顺右前臂先钻，至与右拳相会时变掌劈出，掌心向下，沉肩坠肘，五指分开，右拳变掌，同时与左掌挣撕劲（挣脱撕拧），前手出"云门"（胸前壁外上方，肩胛骨喙突上方，锁骨下窝凹陷处）挫劲劈出，高与肩齐，后收落于腹前，拇指中节紧靠肚脐，手腕下塌，目视左食指；

（5）收势时，右脚向前靠拢在左脚跟处，与左脚呈45度，两腿略蹲，同时两手变阳掌（手心向上为阳掌）外张，向身前划弧再回抱，至口前时两掌相叠，变阴掌（手背向上为阴掌），右手在下，左手在上，然后两掌随身体缓缓起立下落至肚脐处，再垂于身体两侧，目视前方。

技术要点

（1）目光平视正前方，神气内敛，顶头竖项，闭唇叩齿，舌顶上腭，含胸拔背，松静自然；

（2）肩肘在手臂上起时，要有松坠劲，身体不前俯后仰，呼吸自然，身体下蹲时，上身略向右拧转；

（3）右拳钻出时要有拧钻里裹外旋之劲，肩沉肘坠，含胸拔背，头正而起；

（4）两手经胸前下落，要与身体缓缓立起相配合，注意引导气向下沉，松沉安舒（放松舒缓，气向下沉）。

错误纠正

练习时易出现重心移动后不能迅速保持平衡、肢体不协调等问题。因此，应慢动作练习，体会动作要领。

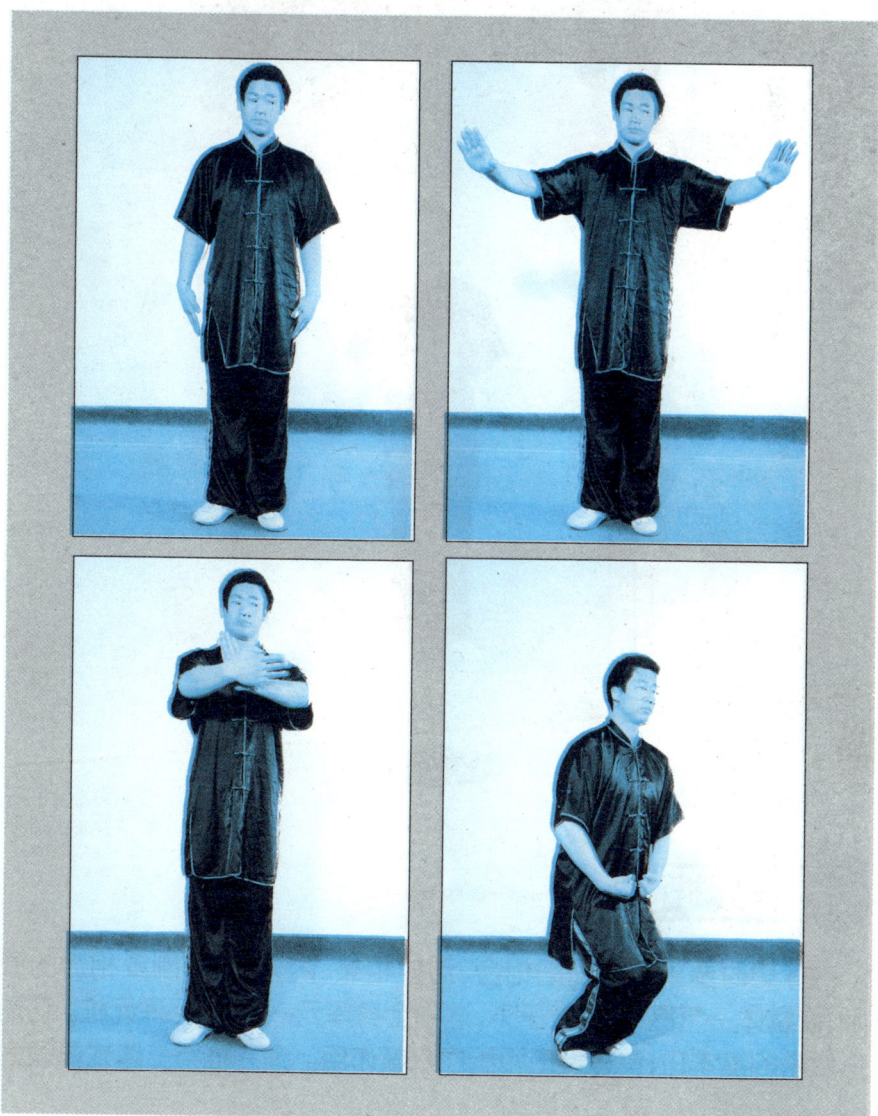

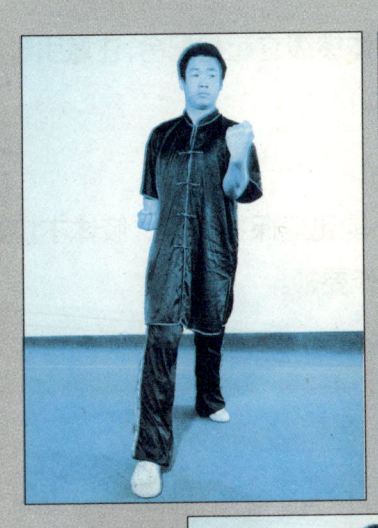

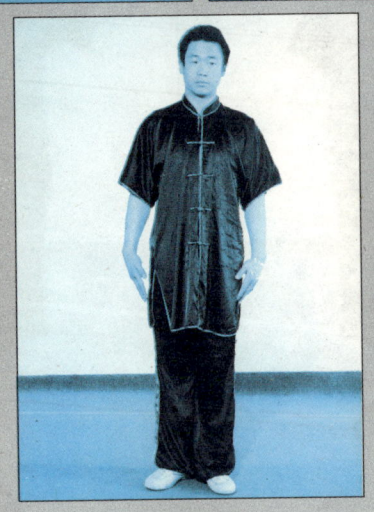

图 3-2-1

 浑元桩

　　练功时要求掌握阴阳相合、动静相兼、内外相连、刚柔相济的原则，使整体一气贯通，内发于外，达到全身浑元一气，故名浑元桩。它是形意拳的基本功，具有技击和医疗双重作用。浑元桩与三体式要领大

体相同,只是两手和两脚摆放的位置不同。浑元桩包括浑元势和固功势等。

 浑元势

动作方法 见图 3-2-2

(1)身体自然站立,松静安舒,口合面逸,舌顶上腭;

(2)两脚分开,与肩同宽,含胸拔背,两手从腿两侧缓缓升起向身前环抱,至胸前两手心向内,手指相对,如抱球状,同时身体略下落,圆胯屈膝,重心在两腿之间,百会、会阴呈一条直线。

技术要点

目视两手处,神气内敛,周身浑然一体,犹如饱满的圆体,与周围之气相合。

错误纠正

练习时易出现目光与动作不协调、呼吸不顺畅等问题。因此,应注意目视两手,呼吸自然。

图 3-2-2

固功势

动作方法 见图 3-2-3

动作同浑元势,但是两手心向外。

技术要点

目视两手处,神气内敛,周身浑然一体,犹如饱满的圆体,与周围之气相合。

错误纠正

练习时易出现目光与动作不协调、呼吸不顺畅等问题。因此,应注意目视两手,呼吸自然。

图 3-2-3

 开合轮睛

开合轮睛是高医俗先生留下的一个功法,它不但对练习者的眼睛大有益处,而且对进入功态和增加功力有独到之处。在练习桩功及五

形拳之前,应先练习开合轮睛。

🟦 动作方法　　见图3-2-4

（1）身体自然站立,两脚分开,与肩同宽,两手下垂,两肩松沉,头顶项竖,舌顶齿叩,两目平视,集中盯住前方一目标,不眨眼,待两目坚持不住时,两目相闭,用意念领动眼珠向左旋转21次,再向右旋转21次,向上旋转21次,再向下旋转21次;

（2）两目睁开,按上面转动次序向左、右、上、下各旋转21次。

🟦 技术要点

身静气沉,呼吸自然。

🟦 错误纠正

练习时易出现精神不集中、收势时身体气息向上等问题。因此,应选择比较安静的地点练习,收势时引导气向下沉,松静安舒(放松安静舒缓)。

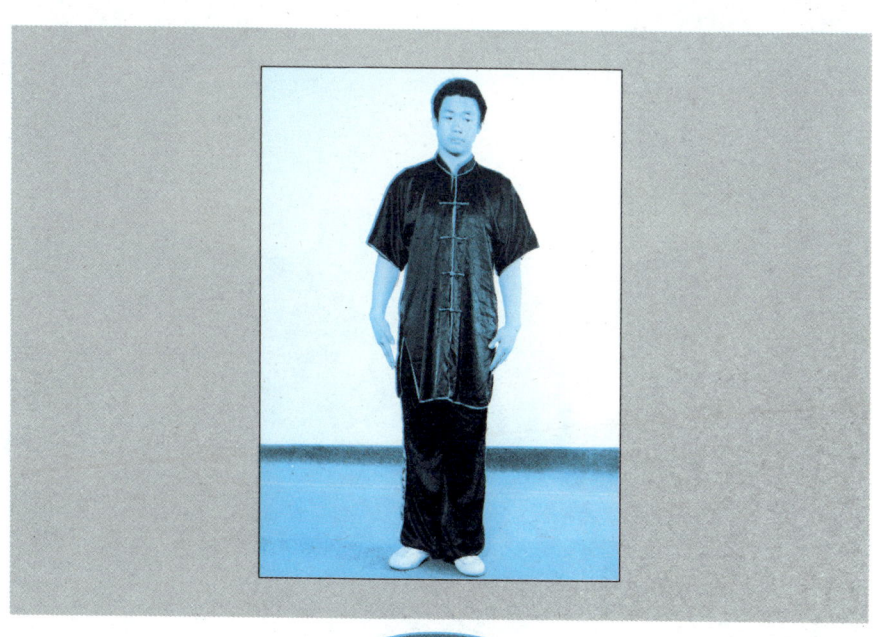

图3-2-4

第四章 形意拳(高级)竞赛规定套路

形意拳以三体式为基本桩功,以阴阳五行学说为哲学渊源,以五行、十二形拳为基本拳法。其动作具有简捷朴实,动静分明,手脚合顺,身正步稳,快速整齐,劲力充实,稳固沉着等特点。形意拳(高级)竞赛规定套路包括六段动作。

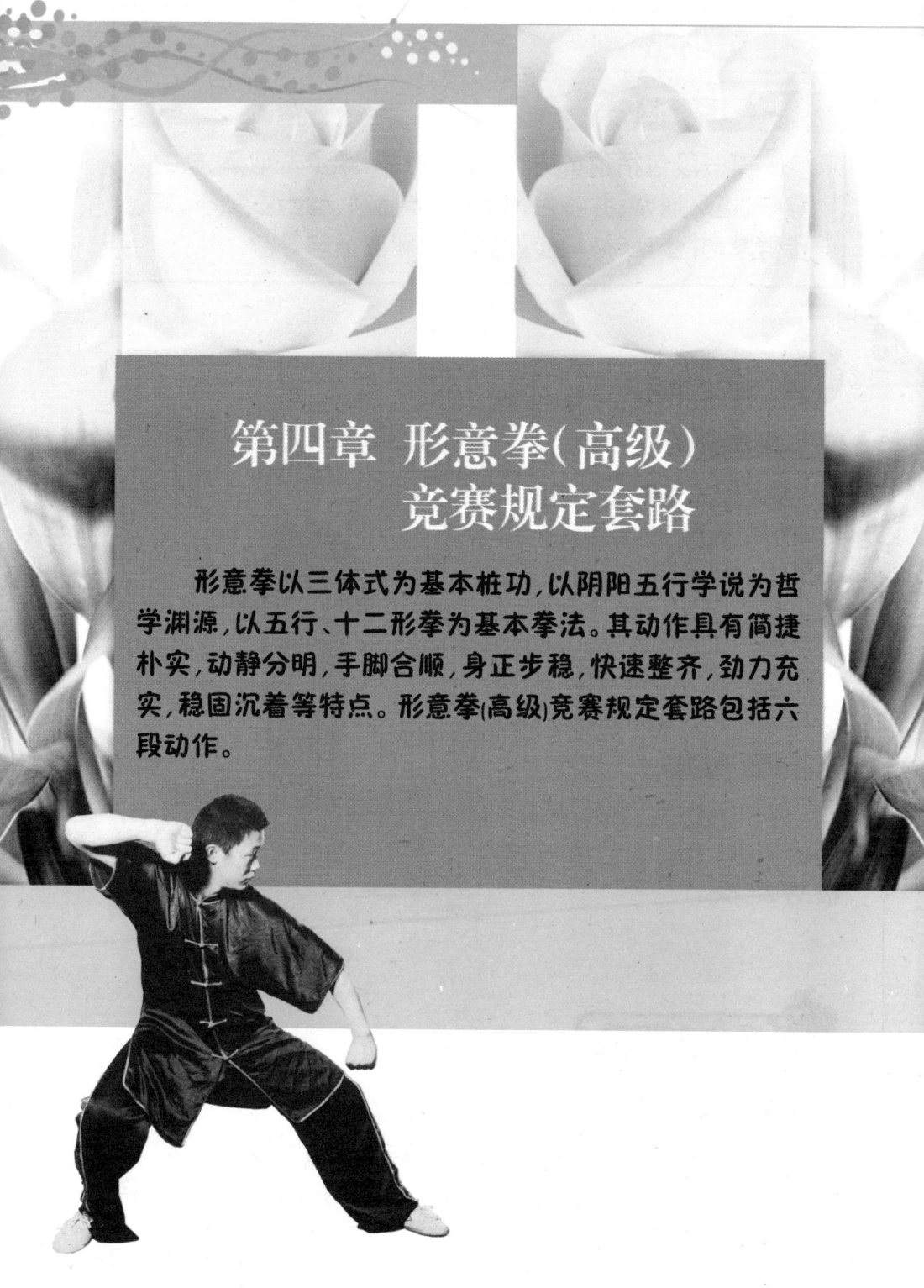

第一节

第一段

第一段包括预备势、顺步左劈掌、顺步左炮拳、转身穿拳、连环崩拳、并步左掩手、并步撑掌、拗步右钻拳、盖步劈掌、并步崩拳、马步撑肘和踢腿双插掌等。

预备势

动作方法　见图 4-1-1

身体直立，两臂自然下垂，两脚尖外展，脚跟并拢呈正姿势，目视前方。

技术要点

精神集中，颈部自然竖直，舌抵上腭，下颌略内收，呼吸自然。

错误纠正

练习时易出现紧张、呼吸不顺畅等问题。因此，应注意身体放松，呼吸自然。

图 4-1-1

顺步左劈掌

动作方法　见图 4-1-2

（1）接上势，以脚跟为轴，身体略向左转，目视左前方；

（2）两脚不动，两臂略屈，从身体两侧徐徐上抬，掌心向上，掌高与头齐，目视右掌；

(3)两臂屈肘内收,两掌经体前向下按落,置于肚脐两侧,两掌变拳,拳心向下,同时两腿屈膝半蹲,目视左前方;

(4)两脚不变,上体略向左转,右拳随转体经胸前外旋上钻,拳心向上,高与鼻齐;

(5)左脚向前上一步,两腿屈呈三体式步,左拳经胸前上钻至右拳上方时,两臂内旋,两拳变掌,掌心向下,左掌经右掌背由上向前劈出,掌高与口齐,力达掌心,右掌由上向下捋按,拇指紧靠于肚脐处,两掌指均向前,目视左掌。

技术要点

两腿下蹲时,尾闾要中正,上体不可前俯,劈掌时左臂略屈,不可伸直。

错误纠正

练习时易出现双目与动作不协调等问题。因此,应注意目视两手,目随手动。

图 4-1-2

顺步左炮拳（鹞子入林）

动作方法　见图 4-1-3

（1）接上势，上体不变，左掌不动，右掌前伸与左掌平行，两拇指指尖相靠，同时右脚前进一步，屈膝收提于左踝里侧，呈左摩胫步，目视两掌；

（2）右脚向前一大步，左脚随之跟进呈右摩胫步，同时右掌变拳，双手外旋回撤，至小腹前，拳心向上，目视前方；

（3）左脚向前一大步，右脚跟进半步，同时右拳向前上方钻拔，沉肩垂肘，拳心向外置于右侧，左掌变拳向前冲出，拳眼向上，高与胸平，目视前方。

技术要点

进步与跟步要轻快,落地要稳定。

错误纠正

练习时易出现重心移动后不能迅速保持平衡等问题。因此,应慢动作练习,体会动作要领。

图 4-1-3

转身穿拳

动作方法　见图 4-1-4

(1)接上势,左脚外摆,重心略前移,两腿呈左弓步式,同时左臂外旋,拳心向上,拳面向前拧顶,右拳臂外旋,屈肘下落收抱于右腰腹前,拳心向上,目视左拳;

(2)左脚不变,右脚经右踝处向前上一步,腿略屈,左腿伸直呈右弓步,同时右前臂外旋,经胸前向上钻,拳心向上,拳高与鼻齐,左拳内旋,拳心向下,回落置于左腰腹处,目视右拳;

(3)右脚内扣,左脚外摆,两腿略屈,身体向左后转,同时左臂先内旋,拳心向后经左腰侧向后穿,然后臂外旋,使拳眼翻转向上,停于左膝上方,拳高与腰胯平,肘略屈,右臂屈肘下落,臂外旋,拳心向上,停于右腰侧,目视左拳前方;

(4)左脚外摆,右脚随之向左脚前方上步,脚尖略扣,同时左臂外转,收抱于左腰侧,右拳经左臂上方向前上钻出,拳高与眉齐,拳心向上,目视右拳;

(5)左脚外摆,右脚内扣,上体左转,同时左拳臂内旋,经左肋向身后穿出,拳心向里,右拳臂屈肘回收,落于右腹处,拳心向里,目视左拳。

技术要点

穿拳与转体要协调配合,以腰带臂,手眼相随,上穿拳高不过头,下穿拳低不过胯,两臂走动螺旋劲。

错误纠正

练习时易出现肢体不协调等问题。因此,应慢动作练习,体会动作要领。

图 4-1-4

连环崩拳（一马三箭）

动作方法　见图 4-1-5

（1）上动略停，左脚前进半步，右脚跟进，置于左脚弓内侧略后一点，两腿屈膝略蹲，同时两掌变拳，右拳经左拳虎口处向前直臂前冲，拳眼向上，目视右拳；

（2）右脚向后撤半步，脚尖外摆，左脚亦随之向后倒插一步，脚跟提起，前掌脚着地，两腿屈膝半蹲呈高歇步势，同时左拳外旋，经右前臂下面直臂前冲，拳心翻转向上，右拳外旋快速回收，置于右腹部，拳心亦向上，目视左拳；

（3）右脚向右前方上一步，左脚随即跟进半步，两腿略屈，膝略蹲呈三体式步，同时右拳经左拳虎口处向前直臂前冲，拳眼向上，肘略屈，左拳外旋，收于左腹部，拳心向里，目视右拳。

技术要点

两腿前进时，迈步要低；两拳前冲时，速度要快，力达拳面，要求前臂似直非直，似屈非屈；两臂回收后，做到两肘不离肋，两手不离中，动作紧凑，圆满沉实。

错误纠正

练习时易出现手形、手法错误等问题。因此，应慢动作练习，体会动作要领。

图 4-1-5

并步左掩手（龟形掌）

 **动作方法** 见图 4-1-6

（1）接上势，右脚向后撤一步，身体随之右转，同时右拳回收至右腹侧，拳心向上，左拳变龟形掌，向外向前上方划弧至体前，臂略屈，掌高与臂平，掌心向里，目视左掌；

（2）左脚撤回置于右脚里侧，两腿屈膝并步略蹲，同时左掌、左前臂向胸前划弧回收至胸前，掌心向后，虎口向里，目视右前方。

045

技术要点

龟形掌要借转身之力,力达掌根。

错误纠正

练习时易出现重心移动后不能迅速保持平衡、肢体不协调等问题。因此,应慢动作练习,体会动作要领。

图 4-1-6

并步撑掌(龟形掌)

动作方法 见图 4-1-7

接上势,左脚向前上一大步,右脚跟步,两脚并步屈膝半蹲,同时左龟形掌小臂内旋向上撑掌,掌心向前,高不过眉,力达掌外缘,右拳不变,目视左手。

技术要点

两脚进步半蹲与左掌前撑要同时进行,协调配合,一气呵成。

错误纠正

练习时易出现重心移动后不能迅速保持平衡等问题。因此,应慢动作练习,体会动作要领。

图 4-1-7

拗步右钻拳

动作方法　见图4-1-8

接上势，左脚向前上一步，右脚跟进，两脚并步，两腿屈膝略蹲，同时左掌变拳，回收于左腹前，拳心向上，拳抡贴靠于腹部，右拳小臂外旋，经胸前上钻，拳心向上，高与眉齐，目视右拳。

技术要点

右拳前臂外旋要迅速。

错误纠正

练习时易出现手形、手法错误等问题。因此，应慢动作练习，体会动作要领。

图4-1-8

盖步劈掌

动作方法　见图4-1-9

（1）接上势，左脚向前上一步，右腿屈膝上提，脚尖外展向前蹬腿，高不过腰，力达脚跟，同时左拳外旋上钻，拳心向上，停于右肘内侧，右拳不变，目视左拳；

（2）右脚向前踩落，脚尖外摆，左脚跟进半步，前脚掌着地，脚跟略提，两腿略屈，重心落于两腿之间，同时两臂内旋，两拳变掌，左掌向前下劈按，右掌回收于脐前，

两掌心向下,目视左掌。

🏵 技术要点

左掌前劈、右掌回收要与右脚踩落同时进行,上下一致,动作迅速连贯,势如奔马,一气呵成。

🏵 错误纠正

练习时易出现重心移动后不能迅速保持平衡、肢体不协调等问题。因此,应慢动作练习,体会动作要领。

图 4-1-9

并步崩拳

🏵 动作方法   见图 4-1-10

(1)接上势,右脚不动,左脚上步,脚尖前顺,同时两掌变拳,左拳拳眼向上,拳心向里,右拳拳心向上,目视左拳;

(2)右脚向前一步与左脚并步,右脚尖置于左脚弓内侧,两腿屈膝半蹲,同时左拳回拉置于左腹处,拳心向上,右拳经左拳虎口处向前崩出,拳心向左,拳眼向上,高与肋齐,目视右拳。

技术要点

右脚并步与右拳前崩要协调一致,同时完成,力达拳面;右拳崩出时要拧腰转体、沉肩垂肘、合胯敛臀,上体不可俯仰歪斜。

错误纠正

练习时易出现重心移动后不能迅速保持平衡、肢体不协调等问题,因此,应慢动作练习,体会动作要领。

图 4-1-10

马步撑肘(单展翅)

动作方法   见图 4-1-11

（1）接上势,两脚不变,左拳前伸,置于右拳小臂上十字交叉,双拳拳眼向上,目视左拳;

（2）左脚向前横跨一步,脚尖内扣,两腿略屈蹲呈半马步,同时两臂内旋,右拳屈肘上架于头部右上方,拳心向外,左拳屈肘向下、向外撑,拳心向后,拳面向下,停于左膝旁,目视左前方。

技术要点

两臂屈肘外撑,要有滚动劲、撑劲和整体劲。

错误纠正

练习时易出现重心移动后不能迅速保持平衡,步形变换不准确等问题。因此,应慢动作练习,体会动作要领,注意动作规格。

图 4-1-11

踢腿双插掌

动作方法　见图 4-1-12

（1）接上势,身体右转,右脚尖外摆,左脚向右脚前方上一步,两腿直立,同时两拳变掌,顺势收置于左右体侧,目视前方;

（2）重心移至左腿,右腿勾脚正踢,脚高过胸,同时两掌掌心向上,向前上方平插,掌指高不过目,目视两掌。

技术要点

转体要与踢腿插掌协调一致,踢腿时上体不可后仰,支撑腿可略弯。

错误纠正

练习时易出现重心移动后不能迅速保持平衡、步形变换不准确等问题。因此,应慢动作练习,体会动作要领,注意动作规格。

图 4-1-12

第二节

第二段

第二段包括仆步穿掌、并步崩拳、退步抱拳、上步劈拳、独立下切掌、歇步下崩拳、顺步左横拳、弓步右崩拳、左崩右蹬、顺步右崩拳、并步砸拳、顺步炮拳、退步捋掌、半马步栽拳和转身半马步右托掌等。

动作方法 见图 4-2-1

（1）接上势，右腿屈膝回收于左脚内侧，迅速震脚半蹲，左腿屈膝提起，呈摩胫步，同时两臂屈肘，两掌背相对，掌心向外，掌指向下，经

胸前向内翻转下插;

（2）右腿屈膝全蹲，左腿向前平仆呈左仆步，同时两臂内旋，左下、右上使掌心翻转向上，目视左掌。

技术要点

仆步下蹲与两臂伸展要同时进行，仆步脚跟不得拔起，身体不可前俯和突臀。

错误纠正

练习时易出现重心移动后不能迅速保持平衡，步形变换不准确等问题。因此，应慢动作练习，体会动作要领，注意动作规格。

图 4-2-1

并步崩拳

动作方法　见图 4-2-2

（1）接上势，两腿蹬地起立，呈左弓步势，同时左小臂外旋，掌心翻转向前撞掌，掌心向前，虎口向右，右掌下落变拳收抱于右腰侧，拳心向前，目视左掌；

（2）右脚向前上步，右脚尖置于左脚脚弓处，两腿屈膝略蹲，同时右拳直臂前崩，左掌置于右小臂里侧，目视右拳。

技术要点

崩拳与并步同时进步，合成一劲。

错误纠正

练习时易出现重心移动后不能迅速保持平衡、手形手法变换不准确等问题。因此，应慢动作练习，体会动作要领，注意动作规格。

图 4-2-1

退步抱拳

动作方法　见图 4-2-3

接上势,右拳略内收,经左掌下向内向上翻转,使拳心向上,拳背置于左掌心上,左脚向后退一步,两腿略屈,重心置于左腿,左掌变拳,与右掌同时收抱于肚脐处。

技术要点

退步与抱拳要同时进行,一气呵成。

错误纠正

练习时易出现重心移动后不能迅速保持平衡、步形变换不准确等问题。因此,应慢动作练习,体会动作要领,注意动作完成的规格。

图 4-2-3

上步劈拳

动作方法　见图 4-2-4

(1)接上势,左脚向前上一步,脚尖外摆,右脚收提于左脚内踝侧,呈左势摩胫步,同时右拳上钻,左掌扶于右拳背里侧;

(2)右脚向前上一步,左脚随之跟进半步,同时右拳向前下方劈出,拳眼向上,左掌变拳,拳心向里,收于肚脐处,目视右拳。

技术要点

劈拳与右脚进步要协调一致,上下有合劲,两腿略蹲,上体不可前倾,不可突臀。

错误纠正

练习时易出现重心移动后不能迅速保持平衡等问题。因此，应慢动作练习，体会动作要领。

图 4-2-4

独立下切掌

动作方法　见图 4-2-5

（1）接上势，右腿屈膝收提于左脚内踝侧，呈左式摩胫步，同时右小臂外旋，由前向内、向上钻拳，目视右拳；

（2）右拳内旋变掌，掌心翻转向下按，停于下腹右侧，左拳变掌上举，在右掌背落时，贴右掌背向前、向下横掌切按，同时右脚震脚下落，左腿提起呈右摩胫步，目视左掌。

技术要点

左掌下切与右脚震脚同时进行，力达左掌外缘。

错误纠正

练习时易出现手形变换不准确等问题。因此，应慢动作练习，体会动作要领，注意动作规格。

图 4-2-5

歇步下崩拳（懒龙卧道）

动作方法　见图 4-2-6

接上势，左脚向前上一步，右脚再向前上一步，脚尖外摆，两腿屈膝半蹲呈歇步，同时两掌变拳，右拳臂外旋，拳心向上，经左腕上方向前下方崩出，左拳收回肚脐处，目视右拳。

技术要点

注意调节呼吸。

错误纠正

练习时易出现重心移动后不能迅速保持平衡、步形变换不准确等问题。因此，应慢动作练习，体会动作要领，注意动作规格。

图 4-2-6

顺步左横拳（大蟒翻身）

动作方法　见图 4-2-7

接上势，左脚向前上一步，右脚不变，两腿略屈呈三体式步，同时左臂外旋向前打横拳，右拳内旋，拳心向下收贴于肚脐处，目视前方。

技术要点

左臂外旋前伸与右臂内旋回撤要同时进行，并要有拧劲，左臂应有向前和向左的横力，力达拳臂。

图 4-2-7

错误纠正

练习时易出现步形变换不准确等问题。因此,应慢动作练习,体会动作要领,注意动作规格。

弓步右崩拳

动作方法　见图4-2-8

接上势,左腿屈膝前弓,后腿略屈呈左弓步势,同时右拳前崩,左拳前置于左腰侧,拳心向上,目视右拳。

技术要点

步形准确,重心要低。

错误纠正

练习时易出现手形手法变换不准确等问题。因此,应慢动作练习,体会动作要领,注意动作完成的规格。

图4-2-8

左崩右蹬(龙虎相交)

动作方法　见图4-2-9

接上势,左拳前崩,右拳回收于腰侧,同时右腿屈膝前蹬,目视左拳。

技术要点

左崩右蹬要同时进行、协调一致,上体不可后仰,保持重心稳定。

错误纠正

练习时易出现重心移动后不能迅速保持平衡、步形变换不准确等问题。因此,应慢动作练习,体会动作要领,注意动作规格。

图 4-2-9

顺步右崩拳

动作方法

见图 4-2-10

接上势,右脚前落一步,左脚跟进半步,两腿略屈呈三体式步,同时右拳顺步向前崩出,力达拳面,左拳收回停于左腹侧,拳心向里,目视右拳。

技术要点

注意动作与呼吸的配合。

错误纠正

练习时易出现重心移动后不能迅速保持平衡、上下肢不协调等问题。因此,应慢动作练习,体会动作要领。

图 4-2-10

并步砸拳（白鹤亮翅）

动作方法　见图 4-2-11

（1）接上势，重心移到右腿，左腿略蹬，同时左拳变掌前穿，置于右拳上十字交叉，掌心向上，目视左拳；

（2）两臂内旋，掌心向外、向上、向左右两侧划弧，至掌指高与眉齐，置于左右两侧，两掌心斜向外，同时右腿收提于左腿内侧，呈左摩胫步；

（3）右脚落地震脚，左脚提起呈摩胫步，同时两掌从左右两侧弧形下落至小腹前，右掌变拳，以拳背下砸于左掌心上，拳心向上，目视右前方。

技术要点

气要下沉，调节呼吸。

错误纠正

练习时易出现重心移动后不能迅速保持平衡、身体紧张呼吸不畅等问题。因此，应慢动作练习，体会动作要领，注意调节呼吸，气要下沉。

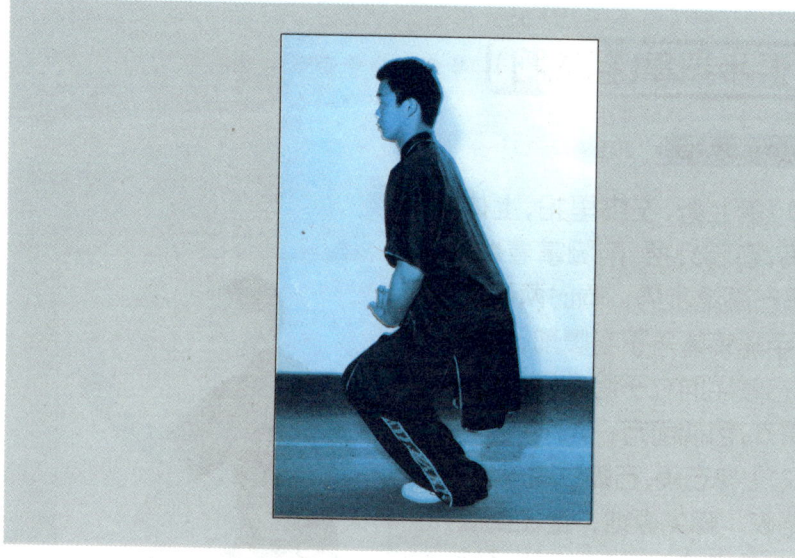

图 4-2-11

顺步炮拳

动作方法　见图 4-2-12

接上势，左脚向前上一步，右脚随即跟进半步，两腿半蹲呈三体式步，同时右拳钻裹上架于右头侧耳眉之间，左掌变拳向前直冲，呈左炮拳式，目视左拳。

技术要点

注意眼神与动作要配合协调。

错误纠正

练习时易出现重心移动后不能迅速保持平衡，手形、手法变换不准确等问题。因此，应慢动作练习，体会动作要领，注意动作规格。

图 4-2-12

退步捋掌（猫洗脸）

动作方法　见图 4-2-13

（1）接上势，左脚里扣，上体右后转，右脚外摆，前脚掌着地，两腿呈右高虚步势，同时两拳变掌，左手随转体落于左腹前，掌心向里，右掌屈肘立于脸右侧前，指高与眉齐，目视前方；

（2）上体右转，右脚后退一步，左脚略收，脚尖点地，呈左高虚步，同时右掌掩肘，从上向下经胸前下捋，停于小腹前，掌心向里，左掌上举，掌指向上，指高与眉齐；

（3）上体左转，左脚向后撤一步，踏实，右脚略收，脚尖点地，呈右高虚步，同时左掌从上向下，经腹前用力下捋，停于小腹前，掌心向里，右掌掩肘上举，掌指向上，指高与眉齐，目视前方；

（4）上体右转，右脚后撤一步，踏实，左脚略收，脚尖点地，呈左高虚步，同时右掌从上向下，经胸前用力下捋，停于小腹前，掌心向里，左掌掩肘上举，掌指向上，指高与眉齐，目视前方。

技术要点

退步转体与捋掌要上下一致、协调和顺。

错误纠正

练习时易出现重心移动后不能迅速保持平衡、步形变换不准确等问题。因此,应慢动作练习,体会动作要领,注意动作规格。

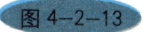

图4-2-13

半马步栽拳(鹰鹞回头)

动作方法 见图4-2-14

(1)接上势,左脚前上半步,左膝略弓,后腿蹬直,呈左弓步势,同时两掌变拳前伸,拳心向上,在胸前十字交叉,左上右下,目视两拳;

(2)上体右转,右脚外摆,左脚回扣,两腿呈半马步,同时右臂内旋,屈肘上架于头部右侧,拳心向外,左拳内旋,经胸前停于左侧腰胯处,拳心向后,目视右拳;

(3)上体略左转,左脚外摆前顺,右脚里扣呈三体式步,同时右小臂外旋下落于下腹前，拳心向上，左拳前臂外旋，向前拧击力达拳面与前臂，拳高与肋平，虎口向上，目视左拳。

❈ 技术要点

上体的左右拧腰转体与两臂的旋臂拧击要协调一致，体现出以腰带臂、力发于腰的特点。

❈ 错误纠正

练习时易出现重心移动后不能迅速保持平衡，手形、手法变换不准确等问题。因此，应慢动作练习，体会动作要领，注意动作的规格。

图 4-2-14

转身半马步右托掌(鹞子翻身)

动作方法 见图 4-2-15

（1）接上势，上体左转，左脚略前移，足尖外摆，右脚向前上一步，足尖略内扣，两腿屈膝，呈三体式步，同时右拳变掌由下向前上穿出，掌心向前，高与眼平，左拳也变掌，屈臂放于右肘里侧，目视右掌；

（2）上体左转，右脚尽力内扣，左脚向右脚后倒插步，脚掌着地，脚跟提起，同时左前臂内旋，左掌经左腰侧向身后穿插，掌心向后，右掌屈臂架于头部右上方，掌心向外，目视左前方；

（3）上体继续左转，右脚内扣，左脚外摆呈半马步，同时右前臂外旋，右掌从上顺势下落，掌心向内置于右腹侧，左臂外旋，掌指向前，虎口向上、向前穿伸，目视左掌；

（4）上体左转，右脚向前上步，左脚跟进半步，两腿屈膝半蹲呈半马步，同时右掌向下、向前上方托起，掌指朝上，指高与鼻齐，左掌屈肘回收抱于左腹前，掌心向内，目视右掌。

技术要点

转身转掌要以腰带臂，两臂划立圆，托掌，身体要下沉；左掌

回收要有採捋劲,右掌向上要有托劲,两掌遥相呼应,合成一劲。

错误纠正

　　练习时易出现重心移动后不能迅速保持平衡、呼吸紧张不顺畅等问题。因此,应慢动作练习,体会动作要领,注意呼吸自然,气向下沉。

图 4-2-15

第三节　第三段

　　第三段包括转身半马步右左托掌、上步左右撑掌、进步双托掌、进步双劈掌、转身双撞拳和转身挑拔掌等。

转身半马步右左托掌(鹞子翻身)

动作方法　见图 4-3-1

（1）接上势，上体略左转，左脚外摆，右脚里扣，两脚屈蹲呈半马步势，同时两臂在右前方交叉上举，左下右上，然后左臂内旋，屈肘上架于头部左上方，掌心向外，右前臂内旋，右掌经胸前向左侧推击，掌心向外，目视右掌；

（2）上体右转，左脚外摆，左脚向前上一步，脚尖略内扣，两腿屈膝呈三体式步，同时左掌外旋由下向上穿，掌心朝上，高与眉平，右前臂内旋，屈肘上架于头部上方，掌心向外，掌指朝前，目视左掌；

（3）上体右转，左脚尽力内扣，右脚向左脚后倒插步，脚掌着地，脚跟提起，同时右掌下落，经右腰侧屈臂向身后穿插，掌心斜向左，左掌屈肘架于头部左上方，掌心朝外，目视右后下方；

（4）上体右后转，左脚内扣，右脚外摆呈半马步，同时左臂顺势下落，掌心向内停于左腹侧，右臂外旋，掌指向前，虎口向上，向前穿伸，目视右掌；

（5）右脚向前上一步，左脚跟进半步，两腿屈膝呈半马步势，同时左掌由下、向前上方托起，臂略屈，掌指向上，高与鼻齐，右掌心

向内，收抱于右腹前，目视左掌。

❀ 技术要点

转身、转掌要以腰带臂，两臂划立圆，托掌，身体要下沉；左掌回收要有採捋劲，右掌向上要有托劲，两掌遥相呼应，合成一劲。

❀ 错误纠正

练习时易出现重心移动后不能迅速保持平衡、呼吸紧张不顺畅等问题。因此，应慢动作练习，体会动作要领，注意呼吸自然，气向下沉。

图 4-3-1

上步左右撑掌(龟形)

动作方法　见图4-3-2

（1）接上势,两脚不变,上体略向左转,同时两掌变龟形掌,左臂内旋,臂略屈,向左撑,掌心向前,高与鼻齐,右臂外旋,掌心向下,置于左胯前,目视左掌;

（2）右脚向右前方上一步,左脚屈膝收提于右脚内踝侧,呈右摩胫步,同时右掌边内旋边右上至左肩前,再向前、向右划弧云转停于右前上方,臂略屈,掌心斜向外,左掌内旋,掌心向上顺势收于腹前,目视右掌;

（3）左脚向左前方上一步,右脚跟步屈膝收提于左脚内踝侧,呈左摩胫步,同时左掌前臂由下向上经右肩前,向前、向左侧划弧形云转,掌心斜外,右掌外旋,由上向右、向上划弧,停于腹前,掌心向上,目视左掌;

（4）右脚向前方上步,左脚跟步,屈膝提于右腿内踝侧,呈右摩胫步,同时右掌前臂内旋,由下向上至左肩前,再向前、向右划弧云转,停于右前上方,臂略屈,掌心斜向外,高与鼻齐,左掌外旋由上向右、向下划弧,掌心向上停于腹前,目视右掌;

（5）左脚向左前方上一步,疾停,脚尖略内扣,右脚跟进半步,足尖向前,两腿略屈,两膝略内合,同时左掌前臂内旋,由下而上至右肩前,向左前方横撑,臂略屈,掌心向外,高与鼻齐,右掌前臂外旋,由上向右、向下、向左插击,停于左腹侧,目视左掌。

技术要点

龟形上步要走斜线,两臂划弧要连贯、圆滑,步法与掌法密切配合、协调一致。

错误纠正

练习时易出现手形、手法、步形、步法变换不准确等问题。因此,应慢动作练习,体会动作要领,手形与步形要协调配合。

图 4-3-2

进步双托掌(虎托)

动作方法　见图 4-3-3

（1）接上势，左脚向左前方上一步，右脚跟步，收提于左脚内踝侧，呈左摩胫步，同时两掌变拳，向上、向外再向下划弧，拳心向上收置于肚脐两侧，目视右前方；

（2）右脚向右前方上一步，左脚跟进半步，两腿呈三体式步，同时两拳变掌向前下方托击，掌心向前，掌指向下，力达掌心，高与脐平，目视右前下方。

技术要点

两臂左右划弧时，要以肘为轴，两掌前托与右脚上步协调一致、完整不懈。

错误纠正

练习时易出现手形、手法、步形、步法变换不准确等问题。因此，应慢动作练习，体会动作要领。

图 4-3-3

进步双劈掌(虎扑)

动作方法　见图 4-3-4

（1）接上势，右脚向前垫补，左脚跟步，收提于右脚内踝侧，呈右摩胫步，同时两掌前臂内旋，经胸前回收向腹部下按，掌心向下，两臂贴近腰腹部，目视左前方；

（2）左脚向左前方上一步，右脚跟进半步，两腿屈膝呈三体式，同时两掌由胸前向前扑劈，掌指斜向上，肘部略屈，力达两掌，目视两掌。

技术要点

两掌前劈要快、猛，手脚齐到，完整不懈。

错误纠正

练习时易出现上下肢动作不协调等问题。因此，应慢动作练习，体会动作要领。

图 4-3-4

转身双撞拳(虎撞)

动作方法
见图4-3-5

(1)接上势,上体右后转180度,左脚向右脚尖前扣步,右脚随即提起,脚尖点地呈右高虚步式,同时两掌略外旋,经胸前屈肘回收,停于肩前,掌指向上,两掌掌心相对,掌高与肩齐,目视两掌;

(2)右脚向右前方上一步,左脚跟进半步,两腿屈膝呈三体式步,同时两前臂内旋,两肘抬平,掌心向外,掌指相对,用力向前撞击,力达掌心,目视两掌。

技术要点

左脚里扣与身体右转要连贯协调、快速灵活,两掌前撞与步法上下呼应,快速有力,整齐合一,撞掌时两臂要撑圆。

错误纠正

练习时易出现重心移动后不能迅速保持平衡、步形变换不准确等问题。因此,应慢动作练习,体会动作要领,注意动作规格。

图4-3-5

转身挑拨掌(蛇形)

动作方法 见图4-3-6

(1)接上势,上体左转180度,右脚里扣,左脚向左后方摆步,同时左掌随体转向左侧横摆,掌心向外,高与眉齐,右掌变拳收抱于右腰侧,目视左掌;

(2)身体左转,右脚向左脚前方上一步,脚尖内扣,两腿略屈,同时左掌顺势下落收于左腹前,右掌屈臂上抬停于头部右侧;

(3)左脚向右脚后侧插步,两腿屈膝半蹲呈左歇步,同时左臂外旋,由上向下、向右经腹前下插,掌心斜向下,停于右胯旁,右掌向下向右、向上、向左停于左肩前,掌心斜向上,目视左前方;

(4)左脚向左前方上一步,两腿呈三体式步,同时左掌向左前方挑掌,臂略屈,虎口向上,力达前臂,高与脐平,右掌内旋,落于右腹侧,掌心向内,掌指向前,目视左前方。

技术要点

两脚进步摆扣要与上体左转密切配合、协调一致;两臂在胸前相交,要有拧劲;採挑掌不可太高,要有向前及向左的横劲;右掌下落时要有捋劲和採劲。

错误纠正

练习时易出现重心移动后不能迅速保持平衡，身体紧张，呼吸不顺畅等问题。因此，应慢动作练习，体会动作要领，呼吸自然，气要向下沉。

图 4-3-6

第四节

第四段

第四段包括半马步托掌、马步切掌、提膝腾空穿掌、仆步穿掌、独立双盖拳、顺步右劈掌、歇步双撑掌、提膝双撑掌、纵跳右踹脚、歇步探掌、纵跳左踹脚、马步撑掌、戳踢崩拳和虚步顶肘等。

半马步托掌(燕子束身)

动作方法　见图 4-4-1

（1）接上势，上体与两脚不变，左臂抬平，掌指向前，右臂前伸，两腕十字相交，左上右下，虎口均向上，目视两掌；

（2）上体右转，重心右移，右脚略内扣，两腿呈右弓步，同时两臂内旋，左掌经胸前向左前方推击，掌心向外，虎口向下，掌高与肩齐，右掌心翻转向外，屈肘横架于头右上方，目视右掌；

（3）上体左转，右脚内扣，左脚外摆前顺呈半马步，同时两前臂外旋，左掌心翻转向上，臂略屈上托，掌高与胸平，右掌下落，掌心向上，前臂紧贴于右腰腹处，目视右掌。

技术要点

动作要连贯协调，节奏分明，两掌的变换要随腰而动，以腰带臂，力达掌心。

错误纠正

练习时易出现重心移动后不能迅速保持平衡、步形变换不准确等问题。因此，应慢动作练习，体会动作要领，注意动作规格。

图 4-4-1

马步切掌（燕子啄泥）

动作方法　见图 4-4-2

（1）接上势，右脚向左脚靠拢，两腿并步屈膝半蹲，同时右掌向前撩击，掌心斜向下，掌指斜向下，左掌屈肘回收，拍击右掌腕处，掌心向下，目视右掌；

（2）左脚向前上一步，两腿半蹲呈半马步式，同时左掌向左膝前下方横切，掌指向右，掌心向下，力达掌外缘，右掌变拳，收抱于右腹部。

技术要点

进步与切掌配合协调，拍击要清脆，快速一致，有力。

错误纠正

练习时易出现上下肢配合不协调、步形变换不准确等问题。因此，应慢动作练习，体会动作要领，注意动作规格。

图 4-4-2

提膝腾空穿掌(燕子钻天)

动作方法　见图 4-4-3

（1）接上势，左脚向前移半步，右脚向前上步，脚尖外摆，两腿略屈呈右歇步，同时右拳经左前臂上方向前、向下栽拳，拳心向上，高与膝齐，左掌变拳，屈肘收回置于肚脐处，目视右拳；

（2）右脚略前移，蹬地尽力向上纵跳，左腿屈膝上提，脚尖下垂，同时两拳变掌，右掌在身前上穿，左掌下插，掌心均向内，目视前方。

技术要点

动作连贯协调，不要停顿，纵跳要高，两臂要伸直。

错误纠正

练习时易出现重心移动后不能迅速保持平衡、步形变换不准

确等问题。因此,应慢动作练习,体会动作要领,注意动作规格。

图 4-4-3

仆步穿掌（燕子抄水）

动作方法　见图 4-4-4

接上势,右脚落地,屈膝全蹲,左腿前仆呈左仆步,同时左掌沿左腿内侧向前穿插,停于左脚旁,掌指向前,虎口向上,右臂直掌斜向后举,虎口亦向上,目视左掌。

技术要点

仆步要快,插掌要远,两脚不可掀跟,两臂上下呈一斜线,挺胸、塌腰、敛臀。

错误纠正

练习时易出现手形、手法、步形变换不准确等问题。因此,应慢

图 4-4-4

动作练习,体会动作要领,注意动作规格。

独立双盖拳(燕子击水)

动作方法　见图4-4-5

（1）接上势,上体略左转,右脚不变,右腿蹬直,左腿屈膝前弓,呈左弓步势,同时右掌由后向下、向前上抄,掌心向上,与左掌在身前十字交叉,两臂略屈,掌心均向上,高与胸平,目视两掌;

（2）重心移至左脚,右脚向前上一步,提靠于左脚内踝处,呈左摩胫步,同时两臂内旋,在胸前翻转交叠,两掌变拳,拳心向下,目视前方;

（3）右脚落地震脚,左脚提起,呈右摩胫步,同时两拳向上,分别向前后反盖,臂略屈,拳心向上,高与耳平,目视左拳。

技术要点

震脚与盖拳要协调一致,同时进行,盖拳力点在拳背。

错误纠正

练习时易出现双目与身体配合不协调、步形变换不准确等问题。因此,应慢动作练习,体会动作要领,目随手动。

图 4-4-5

顺步右劈掌

动作方法　见图 4-4-6

（1）接上势，左脚向前上一步，脚尖外摆，右脚、左拳不变，右拳下落回收于右腰腹处，拳心向上，目视左拳。

（2）右脚向前上一步，左脚跟进半步呈三体式步，同时右拳向前上钻，两前臂内旋，两拳变掌，掌心向下，右掌前劈，掌指高与口平，左掌下落置于腹脐处，目视右掌。

技术要点

两腿下蹲时，尾闾要中正，上体不得前俯，劈掌时左臂略屈，不可伸直。

错误纠正

练习时易出现双目与动作不协调等问题。因此，应注意目视两手，目随手动。

图 4-4-6

歇步双撑掌（伏地龙形）

动作方法　见图 4-4-7

（1）接上势，右脚外摆，左腿插膝直立，脚跟提起，脚尖点地，同时左掌外旋经身前上穿，臂略屈，掌心向右，高与头平，右掌顺势下落，由掌变拳，拳心向上，收于右腋下，目视左掌；

（2）上体右转，两腿屈膝半蹲呈左歇步，同时左掌屈肘内收，与右掌在胸前十字交叉，右掌在下，左掌在上，然后向左右两侧撑托，臂略屈，使掌心向外，掌指向下，目视右掌。

技术要点

上穿掌身体要随之向右转体，侧身顺肩；双撑掌两腿尽量全蹲，两臂撑出要圆，背拔、胸含。

错误纠正

练习时易出现动作完成紧张、步形变换不准确等问题。因此，应慢动作练习，体会动作要领，注意动作要舒展大方。

图 4-4-7

提膝双撑掌（龙形）

动作方法　见图 4-4-8

（1）接上势，身体尽量向右拧转，同时两掌在身前十字交叉，右上左下，掌心均向下，目视右前方；

（2）左脚以脚掌，右脚以脚跟为轴，上体向左后转 180 度，两膝略屈，同时两前臂先外旋，使掌心向上，再内旋使掌心翻转向下，在胸前十字交叉，右上左下，目视右掌；

（3）右脚直立，膝略屈，左腿屈膝提起，膝高过腰，脚尖上翘，同时两掌用力向左右两侧撑出，掌心向外，目视右掌。

技术要点

身体左右拧转要连贯、圆活，与上肢和下肢的旋裹协调配合。

错误纠正

练习时易出现重心移动后不能迅速保持平衡,步形变换不准确等问题。因此,应慢动作练习,体会动作要领,注意动作规格。

图 4—4—8

纵跳右踹脚（哲龙升天）

动作方法 见图4-4-9

接上势，上体略右转，左脚向左前方落步，脚尖外摆，右脚尖外展向前上方蹬踹，力达脚心，同时右掌变拳，收回腹部再向上钻拳，高与鼻齐，左掌由后向上、向前弧形摆动，在身前变拳收于右肘内侧，拳心向下，目视右拳。

技术要点

纵跳要高，右脚前踹要在胸腹之间，上体不可后仰、歪斜。

错误纠正

练习时易出现重心移动后不能迅速保持平衡、步形变换不准确等问题。因此，应慢动作练习，体会动作要领，注意动作规格。

图4-4-9

歇步探掌

动作方法 见图4-4-10

两腿屈膝全蹲，呈右歇步，同时右前臂内旋，由拳变掌，掌心翻转向下，收靠于右胯旁，左拳变掌，经由掌背上向前下方伸探，掌心向下，掌指向前,高与膝齐,目视左掌。

技术要点

左脚落地要轻,左掌尽力前探,肘略屈,上体向前倾,但不可低头弯腰。

错误纠正

练习时易出现手形、手法、步形变换不准确等问题。因此,应慢动作练习,体会动作要领,注意动作规格。

图 4-4-10

纵跳左踹脚(龙形)

动作方法　见图 4-4-11

（1）接上势,两腿起立,右脚向前上步,然后右腿挺膝蹬地向前纵跳,左腿随之屈膝前提,向前下方横踹,脚尖外摆,高与膝齐,同时右掌变拳向前,左掌变拳收回腹前,在右腿纵跳、左腿前踹的同时两臂在身前相交,右拳在下收于左腹前,拳心向下,左拳经右拳上方向前上方钻出,拳心向上,目视前方；

（2）左腿前落横踩,两腿屈膝全蹲呈左歇步,同时两拳变掌,右掌直臂前探,掌心向下,掌指向前,掌高与膝齐,左掌收回于左胯旁,掌心向下,目视右掌。

技术要点

纵跳要远,蹬踹高不过胯,力达脚掌。

错误纠正

练习时易出现重心移动后不能迅速保持平衡、步形变换不准确等问题。因此,应慢动作练习,体会动作要领,注意动作规格。

图 4-4-11

马步撑掌(三盘落地)

动作方法　见图 4-4-12

(1)接上势,右脚向右后方退一步,左脚也随之后退一步,两腿屈膝略蹲呈左丁虚步,同时左掌经右掌背上方向前伸,掌心向下,然后两掌外旋,屈臂,掌心翻转向上,回收于小腹前,目视前方;

(2)上体略右转,左脚向前上一步,两腿屈膝半蹲呈半马步,同时两臂略向上举至胸前,十字交叉,掌心向上,继而两臂内旋,使两掌心翻转向下，并向左右两侧屈臂外撑，两掌置于两膝上方，掌心斜向下，掌指向内，目视前方。

❀ 技术要点

双掌分撑与左脚上步半蹲要脚到手到，协调一致，头向上顶，背要圆，臀要敛，上体略向前倾，撑掌时劲由腰发，劲贯全身。

❀ 错误纠正

练习时易出现上下肢配合不协调、步形变换不准确等问题。因此，应慢动作练习，体会动作要领。

图 4-4-12

戳踢崩拳

❀ 动作方法　见图 4-4-13

接上势，上体略右转，左脚尖外摆，右脚尖勾起，由后向前擦地戳踢，脚高不过膝，同时右掌变拳，经腰侧向前冲击，拳眼向上，高与胸齐，左掌向上，立掌扶于右前臂内侧，掌心向里，目视右拳。

技术要点

戳踢脚尖尽力上翘,脚踢搓地,力达脚跟,胯要前送,上体不可前俯。

错误纠正

练习时易出现手形、手法、步形变换不准确等问题。因此,应慢动作练习,体会动作要领,注意动作完成的规格。

图 4-4-13

虚步顶肘

动作方法　见图 4-4-14

(1)接上势,上体向左转,右脚落地,脚尖尽力内扣,左脚外摆,同时重心移至右腿,右前臂外旋屈肘内收,停于左胸侧,拳心向内,左掌仍扶于右拳前臂内侧,目视右侧;

(2)重心移至右腿,屈膝半蹲,左脚跟提起,足尖点地呈左虚步式,同时右拳屈肘,经腰侧向后顶肘,拳心向下,左掌指向上扶于右拳面上,目视肘尖。

技术要点

转身顶肘要与虚步同时进行,力达肘尖。

错误纠正

练习时易出现双目与动作配合不协调、步形变换不准确等问题。因此,应慢动作练习,体会动作要领,呼吸自然,目随手动。

图 4-4-14

第五节

第五段

第五段包括顺步右贯拳、马步推掌、马步双顶肘、拗步左攥拳、拗步右劈掌、上步双撞掌和翻身挑拔掌等。

动作方法　见图 4-5-1

（1）接上势，上体左转，左脚向前方弧形上步，脚尖外摆，右腿略屈，同时左掌由后向左上方弧形摆掌，掌心向前，呈抓握状，右拳拳心向内，收抱于右腰侧，目视左掌；

（2）右脚向前上一步，脚尖略扣，左脚不变，两腿略蹲呈三体式，同时右拳由后向右、向前上方弧形横摆贯打，臂略屈，拳心向上，高与眉齐，左拳扶于右前臂内侧，目视右拳。

技术要点

左脚上步外摆与左手抓握同时完成,右拳弧形贯拳,力点在拳面,要与右脚上步同时完成。

错误纠正

练习时易出现上下肢配合不协调、步形变换不准确等问题。因此,应慢动作练习,体会动作要领。

图 4-5-1

 马步推掌

动作方法　见图 4-5-2

接上势,上体右转,右脚外摆,左脚向前上步,脚尖略扣,两腿半蹲呈半马步,同时右前臂外旋,收回右腰腹处,拳心向上,左掌掌心向下,向左侧平推,力达掌心,高与肩齐,目视左掌。

技术要点

步形要标准。

错误纠正

练习时易出现手形、手法、步形变换不准确等问题。因此,应慢动作练习,体会动作要领,注意动作规格。

图 4-5-2

马步双顶肘

动作方法　见图 4-5-3

(1) 接上势,上体左转,左脚外摆,右脚上步,靠于左脚内踝侧,脚尖轻点地面,两腿略屈略蹲,同时左掌变拳,随转体右臂外旋,在胸前与左拳十字相交,左拳在内,右拳在外,拳心向里,两臂抱圆;

(2) 上体不变,右脚向右侧横跨一大步,两腿屈膝呈马步,同时两臂内旋,两拳心向下,两臂屈肘抬平,向两侧顶肘,目视右肘。

技术要点

下肢重心稳固,双顶肘由腰间发力。

错误纠正

练习时易出现重心移动后不能迅速保持平衡、步形变换不准确等问题。因此,应慢动作练习,体会动作要领,注意动作规格。

图 4-5-3

拗步左攥拳(熊形)

动作方法　见图 4-5-4

接上势,上体右转,左脚内扣,右脚向右略移,同时左拳前臂外旋,经胸前向右上方钻拳,拳心向上,高与鼻齐,右拳经身前向下收落于肚脐旁,拳心向下,目视左拳。

技术要点

攥拳拳心向上,高与鼻齐。

错误纠正

练习时易出现重心移动后不能迅速保持平衡、步形变换不准确等问题。因此,应慢动作练习,体会动作要领,注意身体不可前倾或后仰。

图 4-5-4

拗步右劈掌（鹰形）

动作方法　见图4-5-5

（1）接上势，左脚向左前进一步，右脚随之跟进半步，两腿屈膝略蹲，重心略偏左腿，右脚跟略提起，同时右拳变掌经胸前上穿，并经左掌背上方向前、向下劈按，高与胯平，掌心向下，力达掌心；

（2）左掌内旋变掌，经胸前下落，掌心向下，停于左胯旁，目视右掌。

技术要点

右拳变掌经胸前上穿，并经左掌背上方向前、向下劈按，高与胯平，掌心向下，力达掌心。

错误纠正

练习时易出现手形、手法、步形、步法变换不准确等问题。因此，应慢动作练习，体会动作要领，注意动作规格。

图4-5-5

上步双撞掌(鸟台形)

动作方法　见图 4-5-6

（1）接上势，右脚向前上一步，左脚跟步收提于右脚内踝侧，呈右摩胫步，同时两掌向上，再分别向左右两侧划弧，前臂内旋使拳心向上，收抱于肚脐两侧，目视前方；

（2）左脚向前进一步，右脚随即跟进半步，两腿呈三体式，同时两拳从腰部向前下方撞击，两肘紧贴腰腹部，拳心向上，拳面向前，目视两拳。

技术要点

两拳要同时前撞，拳面对齐，力达拳面，要有抖动；上体要正，不可前倾后仰；臀部前送，不可突出。

错误纠正

练习时易出现重心移动后不能迅速保持平衡、步形变换不准确等问题。因此，应慢动作练习，体会动作要领，注意动作规格。

图 4-5-6

翻身挑拨掌(右蛇形)

动作方法　见图 4-5-7

（1）接上势，左脚前移，足尖外摆，右脚向前上一步，脚尖内扣，上体左转，同时两拳变掌，顺势在身前抬起，左掌心向外，右掌心向上，高与肩平，目视右掌；

（2）上体向左后转，左脚提起，尽力向左后方摆步，随即两腿屈膝下蹲呈左歇步，同时左掌向上，向左弧形下带，再向右上穿，停于右肩前，掌心向外，掌指向上，右掌屈臂回收，经左腋下插，停于左胯旁，掌指向下，掌心向前，目视右前方；

（3）右脚向右前方上一步，左脚随即跟进半步呈三体式，同时右臂外旋向右前方挑拨，虎口向前，力达掌臂，高与胯平，左掌下落停于左腹前，掌心向下。

技术要点

两脚摆扣与转体要协调一致，右脚上步与右臂挑拨、左掌下落要同时进行，整齐合一；右臂既有向上的挑劲，又有向右的横劲。

错误纠正

练习时易出现身体紧张呼吸不畅、步形变换不准确等问题。因此，应慢动作练习，体会动作要领，注意身体自然，呼吸顺畅，气向下沉。

图 4-5-7

第六节

第六段

第六段包括右转身提膝穿掌、纵步左劈掌、左转身提膝穿掌、纵步右劈掌、退步右劈掌、盖步双撞拳、换步钻劈掌、并步右崩拳、马步架撑掌、独立插掌、弓步右挑掌、退步穿劈掌、半马步栽拳和收势等。

右转身提膝穿掌（猿猴托印）

动作方法 见图 4-6-1

（1）接上势，右脚向后撤一步，左脚不变，两腿略屈，同时两掌由外向内划弧，在身前相抱，左上右下，掌心相对，目视前方；

（2）上体左转，右脚外摆，左脚向右盖步内扣，两膝略屈呈倒八字步，同时右掌向左上方穿掌，至头上方时，前臂内旋，右掌上托，掌心向上，左掌停于腹前，掌心向右，掌指向上，目视前方；

（3）上体右转，右脚向后撤一步，左脚不变，两腿略屈呈三体式，同时右掌经身前下落于右腹部，左掌经右掌背上方向前插掌，掌心向前，目视左掌；

（4）重心移至右脚，左脚屈膝提起，膝高过腰，脚尖自然下垂，同时右掌经左掌上方向前插掌，左掌收回停于左胯旁，两掌心均向下，掌指朝前，目视右掌。

技术要点

两腿撤步转体要快速连贯、圆活，右掌外旋上托与转体协调一致、密切配合。

错误纠正

练习时易出现手形、手法、步形、步法变换不准确等问题。因此，应慢动作练习，体会动作要领。

图 4-6-1

纵步左劈掌（猴子爬杆）

动作方法　见图 4-6-2

（1）接上势，左脚前落，随即右脚向左脚上一大步，同时左掌经右掌背上方向前插掌，右掌收回腰胯处，掌指向前，掌心向下，目视左掌；

（2）右脚蹬地向前上方腾空纵跳，左腿屈膝前提，脚尖下垂，同时右掌经左掌背上方向前探掌，左掌收回左腰胯旁；

（3）左脚向前落步，右脚跟步，两腿略蹲呈三体式，同时左掌经右掌背上方向前劈出，掌心向下，高与口齐，右掌收回肚脐处，目视左掌。

技术要点

（1）动作连续进行，中间不可停顿，上步与穿掌上下紧密配合、协调和顺；

（2）穿掌时要搓击掌背，声响脆，纵跳高，腾空时两腿尽力上提，落地时手脚同时到位。

错误纠正

练习时易出现重心移动后不能迅速保持平衡、步形变换不准确等问题。因此，应慢动作练习，体会动作要领。

图 4-6-2

左转身提膝穿掌（猿猴托印）

 动作方法　见图 4-6-3

（1）接上势，上体左转，左脚向左摆步，右脚尽量向左脚后方扣步，两腿屈膝略蹲，呈倒"八"字步，同时右掌不动，左掌向左，臂外旋

使掌心翻转向上,经腰腹部斜向右上方穿至头顶上方,前臂内旋,掌心向上,目视左前方;

(2)上体向左转体,左脚向右后撤一步,右脚里扣前顺,两腿略屈呈三体式,同时左掌经身前下落,停于左腹部,右掌经左掌背上方向前插掌,目视右掌;

(3)重心移于左腿,右腿屈膝前提膝高过腰,脚尖自然下垂,同时左掌经右掌背上方向前探掌,掌心向下,高与口齐,右掌收回停于右胯旁,目视左掌。

技术要点

两腿撤步转体要快速连贯、圆活,右掌外旋上托与转体协调一致、密切配合。

错误纠正

练习时易出现重心移动后不能迅速保持平衡,手形、手法变换不准确等问题。因此,应慢动作练习,体会动作要领。

图 4—6—3

纵步右劈掌(猴子爬杆)

动作方法　见图4-6-4

（1）接上势,右脚向前落步,左脚向右脚前上一大步,同时右掌经左掌背上方向前插掌,高与口齐,左掌收回左胯旁,两掌掌心向下,掌指向前,目视右拳;

（2）左脚蹬地向前上方纵跳,右腿屈膝前提,脚尖自然下垂,同时左掌经右掌背上方向前探掌,右掌收回胯旁,两掌心向下,目视左掌;

（3）右脚向前落步,左脚跟步,两腿略屈呈三体式,同时右掌经左掌背上方向前劈掌,掌心向下,高与口齐,左掌收回肚脐处,掌心向下,目视右掌。

技术要点

（1）动作连续进行,中间不可停顿,上步与穿掌上下紧密配合、协调和顺;

（2）穿掌时要搓击掌背,声响脆,纵跳高,腾空时两腿尽力上提,落地时手脚同时到位。

错误纠正

练习时易出现手脚配合不协调、步形变换不准确等问题。因此,应慢动作练习,体会动作要领,注意动作规格。

图 4-6-4

退步右劈掌

动作方法 见图 4-6-5

（1）接上势，上体向右后转，右脚向左摆步，左脚跟提起，脚掌着地，两腿屈膝半蹲呈右歇步，同时右掌变拳，前臂外旋屈肘拉回腰腹部，并随转体经胸口向左后方钻出，高与鼻齐，左手变拳，拳心向上，停于左腹部，目视右拳；

（2）上体右转，左脚向左侧后方撤一步，右脚不变，同时两拳变掌，右臂内旋，掌心向下撤回右腹前，左掌经右掌上方前插，掌心向下，高与肩平，目视左掌；

（3）左脚不变，右脚向后撤一

103

步,同时左掌收回左胯旁,右掌经左掌背上方向前戳击,掌心向下,高与肩平,目视右掌;

(4)上体不变,左脚再向右后方撤一步,重心移至左腿,右腿屈膝提起,脚尖自然下垂,同时左掌经右掌背上向前插掌,高与口齐,右掌回落停于右胯旁,两掌心向下,掌指向前,目视左掌;

(5)右脚向前落步,左脚随之跟进半步,两腿略屈呈三体式,同时右掌经左掌背上方向前穿击,高与口齐,掌心向下,力达掌指,左掌同时收于左腹前,掌心向下,掌指向前,目视右掌。

技术要点

上体右转连续撤步(三步)要快,步幅略小,姿势略高;两掌前穿、后撤要与退步、进步协调一致,密切配合,提膝戳掌时上体略向前倾。

错误纠正

练习时易出现动作不够连贯、节奏变化不准确等问题。因此,应慢动作练习,体会动作要领。

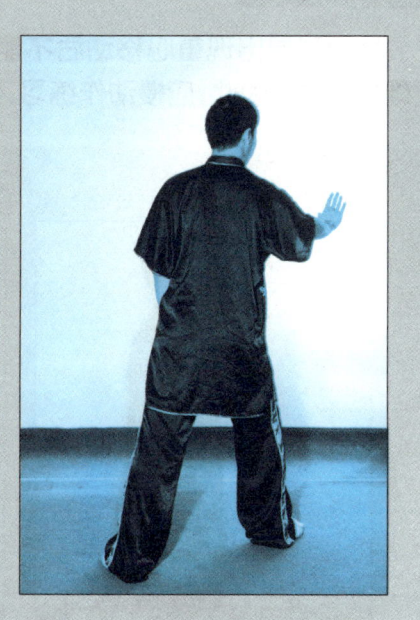

图 4-6-5

盖步双撞拳(马形)

动作方法 见图 4-6-6

（1）接上势，上体略左转，左脚略向左移，右脚向左盖步，两腿前后交叉，同时两掌由上向下，掌心向下至左肩前，两掌变拳，右拳心翻转向下，左拳心向后，屈肘停于左肩前，目视左拳；

（2）上体略左转，左脚向左前上一步，右脚跟进半步，两腿略屈呈三体式步，同时左前臂内旋，拳心翻转向下，两拳向前撞击，右拳略靠后，置于左前臂内侧，拳高与胸齐，目视双拳。

技术要点

两掌左摆与右脚盖步协调一致，两拳翻转前撞与左脚上步密切配合、上下呼应、一气呵成，力达拳面。

错误纠正

练习时易出现重心移动后不能迅速保持平衡,手形、手法变换不准确等问题。因此,应慢动作练习,体会动作要领,注意动作规格。

图 4-6-6

动作方法　见图 4-6-7

(1)接上势,左脚收提至右踝里侧,震脚下落,右脚随之屈膝提起,呈左摩胫步,同时两前臂外旋屈肘回拉,使右拳收至脐部右侧,左拳回拉至腹前,再经胸口向上,向前钻拳,拳心向上,高与鼻齐,目视左拳;

(2)上体略左转,右脚向前落步,左脚不变,呈右三体式,右拳前臂外旋,上钻至左拳上方时,两前臂内旋变掌,右掌向前下劈出,掌心向

下,指尖向前,高与胸齐,力达掌心,左掌内旋,屈肘回拉,收于左腹前,掌指向前,目视右掌;

(3)上体略右转,右脚收提至左腿内侧踝处,震脚下落,左脚屈膝提起呈右摩胫步,同时两掌变拳,右拳屈肘回拉至腹前,经胸前向前上方钻拳,拳心向上,高与鼻齐,左掌握拳仍停于左腹前,拳心向下,目视右拳;

(4)左脚向前上一步,右脚不变,两腿略屈呈三体式,同时左拳变掌,向上经右拳向前劈出,力达掌心,掌心向下,高与胸齐,右前臂内旋,右拳变掌,掌心向下,回撤于右腹前,目视左掌。

技术要点

钻掌、劈掌与震脚、换步要快速,连贯,紧凑。

错误纠正

练习时易出现重心移动后不能迅速保持平衡、步形变换不准确等问题。因此,应慢动作练习,体会动作要领,注意动作规格。

图 4-6-7

并步右崩拳(金鸡食米)

动作方法　见图 4-6-8

接上势,左腿向前半步,右脚向左交并步,两腿屈膝半蹲,同时右掌变拳,直臂向前下崩出,高与腹平,拳眼向上,左臂略屈内收,扶于右前臂内侧,掌心向里,掌指向上,目视右拳。

技术要点

并步屈膝半蹲,身体直立,目视右拳。

错误纠正

练习时易出现重心移动后不能迅速保持平衡、肢体不协调等问题。因此,应慢动作练习,体会动作要领。

图 4-6-8

马步架撑掌（金鸡抖翎）

动作方法 见图 4-6-9

接上势，上体右转，右脚向右后方横跨一步，脚尖内扣，左脚脚跟外撑，两腿屈膝半蹲呈马步，重心略向右偏，同时右拳变掌，右前臂内旋，经面部前，屈肘横架于头部右上方，掌心向外，虎口向下，同时左臂内旋，掌心向下、向左下方撑按，力达掌根，高于腰腹，目视左掌。

技术要点

两掌架撑与马步横跨要协调一致，右脚横跨，左脚要向右活步拖拉，脚尖内扣，脚跟用力外撑，与左掌撑按同时发力。

图 4-6-9

错误纠正

练习时易出现身体紧张呼吸不畅、肢体不协调等问题。因此,应慢动作练习,体会动作要领,呼吸自然。

独立插掌(金鸡上架)

动作方法　见图4-6-10

接上势,上体略右转,重心移于右腿,左腿屈膝前提,膝高于腰齐,收靠于右腿内侧,落步震脚,屈膝半蹲,右腿迅速屈膝提起,右脚停于左膝内侧,呈左独立步,同时右臂外旋,右掌经胸前直臂下插,停于两腿之间,掌心靠近左膝,掌指向下,左掌经胸前上穿,停于右肩前,掌心向外,目视右前方。

技术要点

震脚提膝下蹲要快,提膝要高,下蹲要低,并与两臂插掌协调一致、密切配合。

错误纠正

练习时易出现重心移动后不能迅速保持平衡、肢体不协调等问题。因此,应慢动作练习,体会动作要领。

图4-6-10

弓步右挑掌(金鸡报晓)

动作方法 见图 4-6-11

接上势,右脚向右前方上一步,左脚跟进半步,呈右弓步势,同时右掌由下向前向上方前挑,臂略屈,掌指向前,高与眉齐,左掌下落回收于左腹前,掌心向下,掌指向前,目视右掌。

技术要点

右挑掌力达掌腕,左掌下落要快,要有採挒劲,上下配合,完整不懈。

错误纠正

练习时易出现手形、手法不准确,肢体不协调等问题。因此,应慢动作练习,体会动作要领,注意动作规格。

图 4-6-11

退步穿劈掌

动作方法 见图 4-6-12

(1)接上势,身体右转,右脚向后撤一步,左脚不变,同时右掌内旋,掌心向下回收停于右腹前,左掌向前经右掌下方向前平穿,掌心向下,高与胸平,目视左掌;

(2)上体向后转,左脚内扣,右脚外摆,同时右掌随体转,经腰部由后向前插掌,掌心向下,掌指向前,高与胸平,左掌收回左腰侧,掌心向下,目视右掌;

(3)上体右转,右脚外摆,左脚向前上一步,脚尖前顺,两腿略屈,同时左掌经右掌下方前穿,左掌收回右腰侧,左掌心向下,掌指向前,

高与胸平,目视左掌;

(4)上体右转,左脚内扣,右脚外摆,同时左掌屈肘收回停于左腰侧,右掌从腰部向前平穿,两掌心均向下,掌指向前,高与胸平,目视右掌;

(5)右脚向后撤,左脚不变,两腿略屈呈三体式,同时左掌经右掌背上方向前劈掌,右掌回收停于脐前,两掌心均向下,掌指向前,左掌高与胸平,目视左掌。

技术要点

转身与穿掌要快,上下协调一致,劈掌完整。

错误纠正

练习时易出现重心移动后不能迅速地保持平衡、身体紧张、呼吸不畅等问题。因此,应慢动作练习,体会动作要领,注意呼吸自然,气向下沉。

图 4-6-12

半马步栽拳（提水式）

动作方法　见图 4-6-13

（1）接上势，重心移于右腿，左腿略提后收，脚尖点地，两腿略屈呈虚步，同时右掌向前撩，掌心向前，左臂屈肘内收，两臂做身前十字相交，左掌在上，右掌在下，目视两掌；

（2）左脚向前上步，右脚不变，两腿屈膝半蹲呈马步，同时两掌变拳，前臂内旋，使拳心翻转向内，左拳屈肘外撑，拳面向下，拳心向后停于左膝前上方，右拳回收于脐前，拳心向里，拳臂紧贴于腹部，目视左前方。

第六段

113

技术要点

左栽拳臂要撑圆,力达前臂外侧,右拳回收与左臂外撑密切配合,完整不懈。

错误纠正

练习时易出现步形、步法变换错误,肢体不协调等问题。因此,应慢动作练习,体会动作要领。

图 4-6-13

收势

 见图 4-6-14

(1)接上势,上体略右转,右脚不动,左脚略内扣,同时两前臂外旋,向左右两侧平举,掌心向上,臂略屈,掌高与眉齐,目视右掌;

(2)两掌屈肘向内,经体前下按,在胸前变拳下落至肚脐处,拳心向下,同时左脚向右脚靠拢,并步屈膝略蹲,目视前方;

(3)上动略停,两腿挺膝直立,两拳变掌,再下垂于身体两侧,呈斜向立正姿势,目视前方;

(4)两脚以脚跟为轴,足尖向右略摆,身体转向起势方向,呈立正姿势,目视前方。

技术要点

并步半蹲与两拳下按要协调配合,速度略缓;立正收势时注意两臂放松,气向下沉,头正顶竖,精神集中,心平气和,呼吸自然。

错误纠正

练习时易出现重心移动后不能迅速保持平衡、肢体不协调等问题。因此,应慢动作练习,体会动作要领。

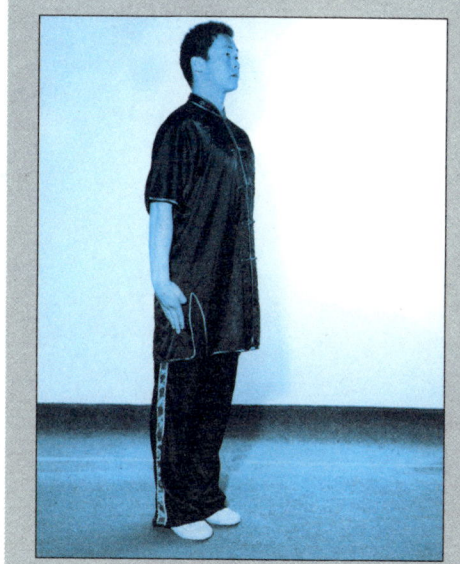

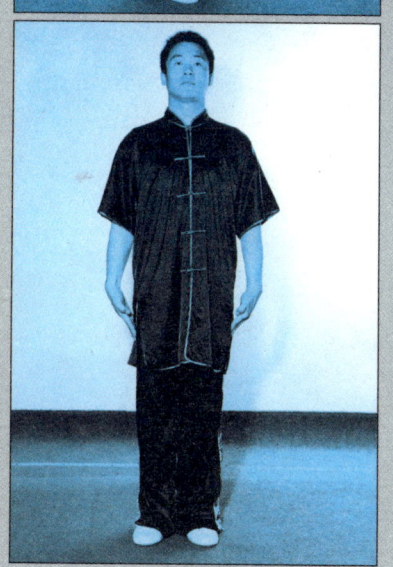

图 4-6-14

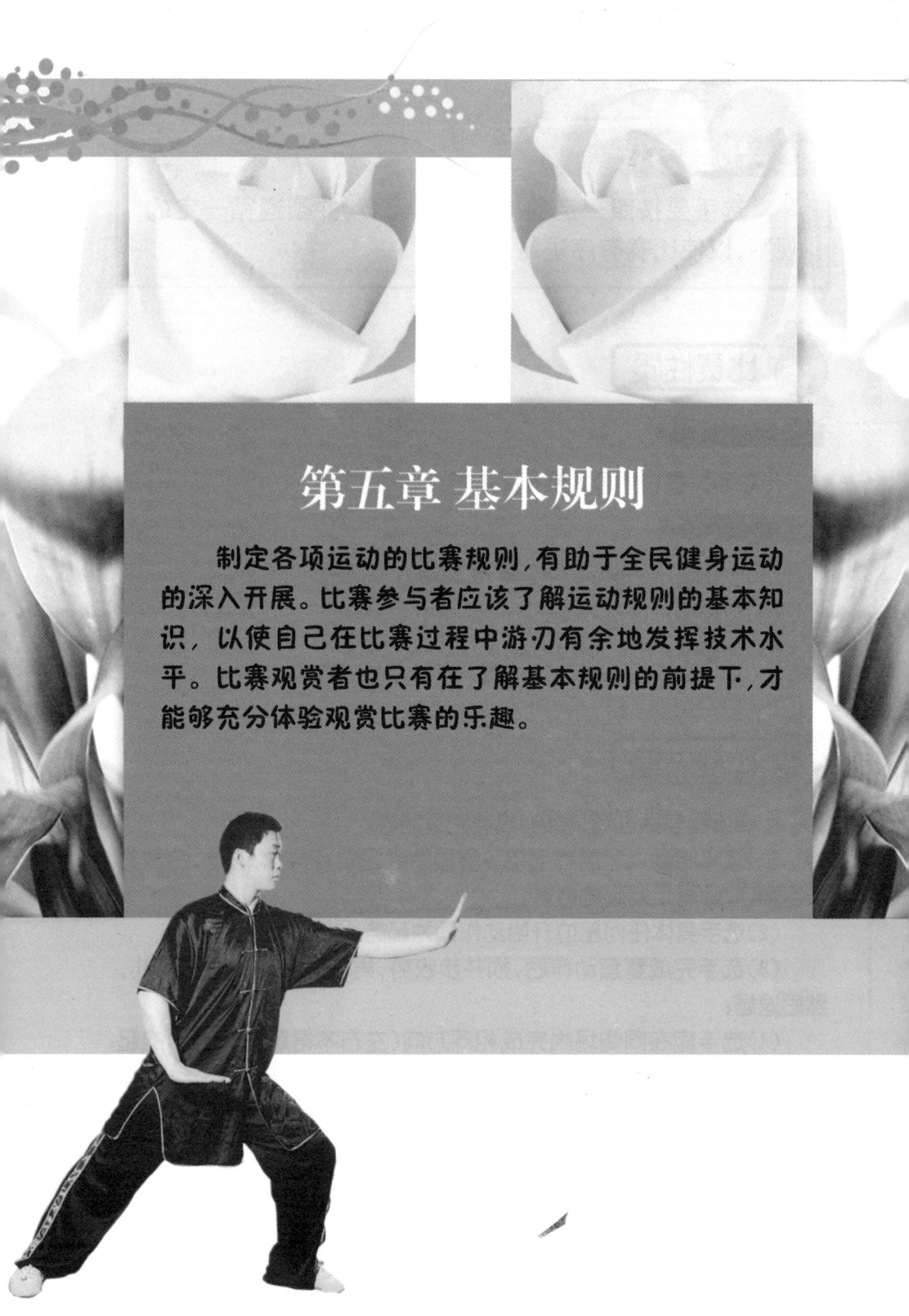

第五章 基本规则

制定各项运动的比赛规则,有助于全民健身运动的深入开展。比赛参与者应该了解运动规则的基本知识,以使自己在比赛过程中游刃有余地发挥技术水平。比赛观赏者也只有在了解基本规则的前提下,才能够充分体验观赏比赛的乐趣。

第一节 比赛方法

选手要按照一定的方法进行比赛,并须遵循一定的规则,以使比赛有序进行。

比赛性质

比赛类型

形意拳比赛包括个人赛和团体赛。

年龄组别

(1)成年组:18周岁以上(含18周岁);
(2)少年组:12~17周岁;
(3)儿童组:不满12周岁。

比赛流程

比赛流程包括进场、起势、收势和退场等。
(1)选手听到点名或看到电子屏显示姓名后,应立即进场,待裁判长示意后,即可走向起势位置;
(2)选手身体任何部位开始动作即为起势;
(3)选手完成整套动作后,须并步收势,再转向裁判长行注目礼,然后退场;
(4)选手应在同侧场内完成相同方向(左右不得超过90度)的起势与收势;
(5)选手听到上场比赛的点名和赛后示分时,应向裁判长行抱拳礼。

第二节 裁判方法

在比赛过程中，裁判人员通过履行其职责，进行正确的裁判工作，来保证比赛的公平、公正。

裁判人员

裁判人员包括裁判长和裁判员。其中，裁判员包括3~5名评判动作规格的裁判员和3~5名评判演练水平的裁判员。

评分

比赛满分为10分，其中动作规格分值为6.8分，演练水平分值为3分，创新难度分值为0.2分。

裁判员评分

动作规格分

动作规格分满分为6.8分。裁判员根据选手现场发挥的技术水平，按照动作规格要求，减去该动作规格中出现的错误扣分和其他错误的扣分，即为选手的动作规格分。

演练水平分

演练水平分满分为3分。裁判员根据选手现场表现的整套演练水平，按照形意拳在功力、演练技巧、编排等方面的标准，整体比较，确定扣分，从该类分值中减去应扣分数，即为选手的演练水平分。

裁判员示分

裁判员所示分数可精确到小数点后两位数，小数点后第2位数必须是0或5。

应得分数

动作规格分与演练水平分之和即为选手的应得分数。动作规格分与演练水平分的确定方法为:

(1)3名裁判员评分时,取3个分数的平均值为选手的应得分;

(2)4~5名裁判员评分时,去掉最高分和最低分,取中间2个或3个分数的平均值为选手的应得分;

(3)选手的应得分数只取到小数点后两位数,小数点后第3位不作四舍五入。

裁判长扣分

起势、收势

(1)起势与收势方向不符合要求者,扣0.1分;

(2)起势与收势有意拖延时间,一个动作达8秒者,扣0.1分;达10秒者,扣0.2分;达12秒者,扣0.3分。

重做

(1)选手因客观原因,造成比赛套路中断,经裁判长允许,可重做一次,不予扣分;

(2)选手因动作遗忘、失误等原因造成比赛套路中断,可重做一次,扣1分;

(3)选手临场受伤不能继续比赛,裁判长有权令其中止,经过简单治疗即可继续比赛的,可安排在该组最后一名继续上场,按重做处理,扣1分。

出界

(1)身体的某一部位接触线外地面,扣0.1分;
(2)整个身体出界,扣0.2分。

平衡时间不足

(1)凡指定的持久平衡动作的静止时间不足1秒者,扣0.2分;
(2)不足2秒者,扣0.1分。

❈ 不足或超出规定时间

（1）没有在规定时间内完成套路，不足或超出规定时间在2秒内者（含2秒），扣0.1分；

（2）在5秒以上至4秒以内者（含4秒），扣0.2分，依次类推。

❈ 服装不符合规定

在比赛中，发现选手服装违反规定，则取消其该项成绩。

❈ 动作组别不够

任何自选套路、动作组别少于规定的要求时，每少1个手形、步形、腿法、跳跃、平衡动作和规定的一种方法，扣0.3分。步形和平衡动作，均以定势为准，过渡的或一晃而过的都不算规定的步形和平衡。

❈ 规定套路的动作缺少或增加

（1）漏做或增加一个完整的动作，扣0.2分；

（2）跳跃动作的助跑步数或行进动作的步数缺少或增加，每出现1次，扣0.1分。

❈ 指定动作扣分

（1）如未选择一组"指定动作"，除扣去该组指定动作的难度分值外，还应按漏做动作扣分，每漏做1个动作扣0.3分；

（2）附加或漏做1个或几个动作时，按动作附加或漏做动作扣分，每附加或漏做1个动作扣0.3分；

（3）改变动作可视为附加或漏做；

（4）每改变1次规定要求的方向，扣0.3分，如果由于方向改变出现附加或漏做，则按附加或漏做扣分；

（5）重做指定动作的部分或全部，对动作中错误的扣分，以第1次完成的动作为准；

（6）自选套路指定动作位置确定表填报错误，将在该项最后得分中扣0.3分。

裁判长对评分调整

（1）当评分出现明显不合理现象时，在出示选手最后得分前，裁判长须报告总裁判长，经总裁判组同意，可召集场上裁判员协商或同个别有关裁判员协商，改变分数；

（2）当有效分数（除去最高与最低）之间出现不允许的差数时，在出示选手的最后得分前，裁判长可召集场上裁判员协商或同个别有关裁判员协助协商，改变分数。

 最后得分

裁判长从选手的应得分中减去"裁判长扣分"，再加上"创新难度动作"加分，即为选手的最后得分。